本书受国家社会科学基金项目
"我国畜牧业绿色转型的环境规制、效率提升与实施策略研究"
（19BGL152）资助。

循环型农业产业
制度供给与绩效

郑晓书 王 芳 著

Institutional Supply and Performance of the Circular Agricultural Industry

社会科学文献出版社

前　言

我国农业的大规模发展带来农业经济增长的同时，给生态环境保护和碳排放治理带来了巨大压力。发展农业循环经济是改善农村生态环境、应对全球气候变化、促进农业农村经济全面绿色转型的有效路径。种养循环的农业模式是我国在农业循环经济长期实践中探索出来的被广泛推广发展的循环型农业产业模式。在中国特色社会主义治理环境下，政府通过制度供给的方式推动种养循环农业模式的实施，由此形成了包含政府、种植业企业、养殖业企业和农业服务业企业等多产业主体在内的循环型农业产业，成为我国农业循环经济发展的重要载体。政府的循环型农业产业制度供给通过直接影响产业主体的经济行为，决定了循环型农业产业的经济绩效以及制度绩效。政府在农业循环经济中扮演着制度供给方的角色，新制度经济学成为本书的理论基础。作者借鉴已有文献研究，基于产业组织理论、新制度经济学理论和循环经济理论，以我国循环型农业产业为研究对象，基于政府的制度供给研究循环型农业产业的制度供给与绩效，从学理层面探索影响产业经济绩效的机理，明确政府实现制度绩效最优的影响因素和制度变迁的路径。

本书以产业组织"结构 – 行为 – 绩效"SCP 分析理论、交易费用理论、制度变迁理论为基础，围绕制度供给

(R)、契约履约行为（C）、制度绩效（P）建立了 RCP 理论分析框架。从循环型农业产业发展特征，引出循环型农业产业制度供给的背景、目的、内容及其变迁情况。从不完全契约理论视角探讨了种养循环模式下政府与种植业企业、养殖业企业、农业服务业企业等循环型农业产业主体之间的契约不完全性成因、履约机制和影响因素，并采用动态演化博弈方法来仿真分析了不同利益相关主体在不同约束条件下的博弈均衡和利益最优决策。运用交易费用理论分析方法，采用四川省 140 个县域农业经济 12 年的投入产出数据，采用数据包络分析方法（DEA）和两阶段最小二乘法（2SLS）测量了交易费用的资产专用性、规模性和风险性三个因素对经济绩效的影响。通过梳理循环型农业政策的变迁过程，采用 SBM 模型计算县域农业经济效率损失，测度了时间序列下制度变迁过程中的制度绩效。为了检验上述理论推理与计量结果，作者选取了一个典型循环型农业产业发展示范县进行案例研究，跟踪收集了样本点微观主体 2014~2018 年的经营数据，探讨了示范区内循环型农业产业主体间的不完全契约效率问题，验证了契约履约、交易费用、制度共同作用下循环型农业产业经济绩效和制度绩效的形成。

种养结合模式下的政府和养殖业企业、种植业企业、农业服务业企业一起构成的循环型农业产业是基于农业生产废弃物资源化利用产业链而串联起来的产业。研究结果进一步解释了各主体参与循环型农业产业的不同动因，包括降低环境治理成本、减少专用性投资、降低环境规制成本、增加预期收益、获得服务报酬等。我国循环型农业产业制度供给整体实施效果显著，政府与产业主体之间通过制度的激励和约束形成了契约，产业主体之间通过资源化利用产业链形成契约。养殖业企业在履约中发挥主导作用。在养殖业企业产生的废弃物（粪便）的资源化利用循环体系中，养殖业企业一旦选择农业循环经济生产方式，就不会轻易改变策略，还会发挥主导作用，引导种植业企业和农业服务业企业加入，促成产业内不完全契约的履约，共同实现循环型农业产业的有效有序运行。政府的制度供给以降低养殖业企业交易费用为主导，激励效果显著。在契约的实施过程中，种植业企业和农业服务业企业的履约策略由成本费用和预期收益决定，因此只有有效降低产业内微观主体的交易费用，才能推动循环型农业产业实现各主体的均衡策略。从动态演化博弈过程和案例分析可以看出，政府提供的降低交易费用的财政补贴政策对参与主体具有较好的黏性。希望本研究所得到的结论能为目前农业现代化建设过程中的决策者提供参考意见，对县域农业经济发展产生积极影响。

  本书是在作者博士学位论文（王芳教授为导师）的基础上深入完善而成的。本书的研究过程得到了国家社会科学基金项目"我国畜牧业经济绿色转型的环境规制、效率提升与实施策略研究"（19BGL52）的资助。此外，本书的出版得到了四川财经职业学院"人才鼎兴工程"的资助，在此一并表示衷心的感谢。

目 录

第一章 循环型农业产业发展的背景与脉络 …………… 1
  第一节 循环型农业产生的现实背景与意义 ……… 1
  第二节 循环型农业发展的脉络线索 ……………… 7
  第三节 循环型农业的研究与探索 ………………… 10
    一 循环型农业的几个核心概念 ……………… 10
    二 国内外研究动态 …………………………… 17
  第四节 研究内容、方法与数据来源 ……………… 25
    一 研究内容 …………………………………… 25
    二 研究方法 …………………………………… 28
    三 数据来源 …………………………………… 31

第二章 循环型农业产业制度供给与绩效的理论分析 …………… 32
  第一节 相关理论基础 ……………………………… 32
    一 产业组织理论 ……………………………… 32
    二 新制度经济学理论 ………………………… 34
    三 循环经济理论 ……………………………… 54
  第二节 理论分析框架 ……………………………… 56

第三章 中国循环型农业产业发展：经验实证与特征 ………… 60

第一节 中国农业产业的发展现状 …………… 60
  一 中国种植业发展现状 …………………… 64
  二 中国畜牧业发展现状 …………………… 68
  三 中国农业服务业发展现状 ……………… 71
  四 中国农业产业发展中存在的问题 ……… 73

第二节 中国循环型农业产业发展状况 ……… 75
  一 中国循环型农业产业的发展阶段 ……… 75
  二 中国循环型农业发展存在的问题 ……… 79

第三节 循环型农业产业的制度供给 ………… 81
  一 政府立法层面制度的演进 ……………… 83
  二 产业类制度的演进 ……………………… 86

本章小结 ………………………………………… 87

第四章 循环型农业产业主体的契约履约行为分析 … 89

第一节 产业内不完全契约的理论分析 ……… 90
  一 契约缔结的不完全性成因分析 ………… 90
  二 基于不完全契约和信息不对称的委托代理模型讨论 ………………………………… 93
  三 不完全契约的履约机制分析 …………… 99
  四 不完全契约履约的影响因素分析 ……… 103

第二节 基于演化博弈的不完全契约履约分析 … 105
  一 契约相关方的利益分析 ………………… 105

二　演化博弈的假设条件和模型建立……………… 109
　　三　各方演化博弈模型的稳定性分析……………… 113
　　四　Matlab多主体仿真分析……………………… 117
本章小结……………………………………………… 122

第五章　循环型农业产业交易费用与经济绩效……… 125
　第一节　产业特征、交易费用与经济绩效的
　　　　　逻辑框架…………………………………… 126
　　一　资产专用性与交易费用………………………… 127
　　二　不确定性与风险性……………………………… 128
　　三　交易频率与交易规模…………………………… 129
　第二节　数理模型与理论假说……………………… 131
　第三节　实证分析与检验…………………………… 133
　　一　变量选取与数据来源…………………………… 133
　　二　面板单位根检验与协整检验…………………… 134
　　三　误差修正模型估计与结果分析………………… 137
　本章小结…………………………………………… 138

第六章　循环型农业产业制度绩效…………………… 140
　第一节　循环型农业产业制度绩效的理论分析…… 140
　第二节　循环型农业产业制度绩效测度
　　　　　——基于四川省的实证分析……………… 144
　　一　计量模型、变量设定与说明…………………… 144
　　二　实证结果分析…………………………………… 146

三　假说检验 …………………………………………… 150
　本章小结 …………………………………………………… 152

第七章　案例研究：来自县域示范区的证据 ………… 154
　第一节　示范县农业产业现状 …………………………… 155
　　一　示范县农业经济产业现状 …………………………… 155
　　二　示范县循环型农业产业现状 ………………………… 157
　第二节　不完全契约履约效率分析 ……………………… 161
　　一　政府与制度演化分析 ………………………………… 161
　　二　不完全契约履约分析 ………………………………… 162
　　三　履约效率与履约机制分析 …………………………… 166
　　四　项目绩效及问题分析 ………………………………… 171
　第三节　经验与启示 ……………………………………… 173
　　一　农业循环经济发展的有效路径 ……………………… 174
　　二　启示 …………………………………………………… 177

第八章　循环型农业产业制度绩效与展望 …………… 179
　第一节　研究结论 ………………………………………… 180
　　一　研究总结 ……………………………………………… 180
　　二　主要观点 ……………………………………………… 184
　第二节　研究展望 ………………………………………… 186

参考文献 …………………………………………………… 189

第一章 循环型农业产业发展的背景与脉络

2017年，习近平总书记在山西考察工作时指出："坚持绿色发展是发展观的一场深刻革命。"绿色发展就是要解决人与自然和谐共生的问题。坚持节约资源和保护环境的基本国策，将绿色循环低碳发展作为当前科技革命和产业变革的基本方向，让良好的生态环境成为人民生活质量的增长点，是我国绿色发展观的基本体现。绿色转型是我国践行新发展理念、实现可持续发展的必由之路（张宁、杨志华，2020）。党的二十大报告指出："实现碳达峰、碳中和是一场广泛而深刻的经济社会系统性变革。""双碳"工作，将引领以低碳为特征的产业革命，推动经济发展质量变革、效率变革，实现对生产方式的颠覆性转变。农业是我国国民经济的基础，也是"双碳"工作的重点。聚焦循环型农业产业，探索农业绿色转型发展过程中的制度供给、制度变迁和制度绩效，可以对今天以及未来低碳农业和农业经济高质量发展提供决策参考。

第一节 循环型农业产生的现实背景与意义

农业是最古老的产业，距今有一万年以上的发展史，我国自古就是以农立国，农业在我国有着十分重要的地位。作为农业大国，农业是我国国民经济的基础产业，我国农业经济发展主要依赖种植业和养殖业，这是我国农业和农村经济中最主要的支柱产业和农民经济收入的主要来源之一。2004~2015年，我国农业农村发展取得了较大的进步，粮食生产实现了十二连增。① 国家统计局数据显示，我国农林牧渔业总产值从2001年的2.62万亿元增长到2021年的约14.7万亿元，增长了4.61倍；其中农业总产值从2001年的1.45万亿元增长到2021年的7.83万亿元，增长了约4.4倍；畜牧业总产值从2001年的约0.8万亿元增长到2021年的3.99万亿元，增长了约3.99倍；自2003年开始统计农林牧渔服务业总产值，农林牧渔服务业总产值从2003年的905亿元增长到2019年的7748.09亿元，增长了7.56倍。② 但是，经济发展是社会物质生产和再生产的过程，其必然建立在对资源的开发和对环境的改造基础上，而这些因素的介入，不可避免地造成了对自然环境的破坏。2010年环境保护部公布的《第一次全国污染源普查公报》披露，畜禽养殖业的污染排放是农业污染源主要水污染物的主要来源，其化学需氧量、总氮、总磷的排放量分别占农业污染源主要水污染物排放总量的95.78%、37.89%、56.34%；而农业污染源主要水污染物排放中的化学需氧量、总氮、总磷分别占全国

---

① 《今年粮食总产量比去年增长2.4% 成功实现"十二连增"》，央广网，http://finance.cnr.cn/jjpl/20151209/t20151209_520738774.shtml，2015年12月9日。
② 作者根据国家统计局公布的数据整理。2003年起执行国民经济行业分类标准，农林牧渔业总产值包括农林牧渔服务业产值。2012年起执行新国民经济行业分类标准。

主要污染物排放总量的43.71%、57.19%和67.27%。① 这一数据的公布给农业规模化发展尤其是畜禽养殖业的规模化发展敲响了警钟。

我国农业经济发展中，作为农业支柱产业的畜牧业和种植业长期存在主体分离、布局错位、依存关系弱化等问题，直接导致了畜牧业的粪肥资源浪费和种植业化肥过度施用等农业环境问题（齐振宏，2015；王火根、翟宏毅，2016）。种植业对肥料的需求不断增加和肥料利用率的严重低下、畜牧业中动物粪便的浪费和动物粪便随意排放产生严重环境污染等，一定程度上形成了农业生产的脱节和资源的巨大浪费（Yu Chen et al., 2020）。针对此情况，我国在农业生产领域开始逐步推行农业生产过程的减量化、资源化和再利用，以遏制和减少农业面源污染。2009年《中华人民共和国循环经济促进法》开始实施，以沼气为主的"猪—沼—果"等模式成为了农业循环经济的主导模式，沼气工程也成为畜牧业粪便处理的主要途径。种养结合的农业循环经济模式是将减量化、资源化和再利用的循环经济理念完全贯穿在农产品生产中而形成的以农业废弃物资源化利用为主线并融合政府、种植业企业、养殖业企业和农业服务业企业等多主体的模式。推行以种养结合为核心的农业循环经济被认为是农业绿色转型和可持续发展的必然路径（王芳，2008）。

新形势下，我国农业的主要矛盾已经由总量不足转变成为结构性矛盾，农业发展面临着生产成本"地板"抬

---

① 《第一次全国污染源普查公报》，https://www.mee.gov.cn/gkml/hbb/bgg/201002/W020100210571553247154.pdf。

升、资源环境"硬约束"加剧等新的挑战。① 在国家政策引导下,由依赖资源消耗的粗放经营向资源节约、环境友好的可持续生产方式转变的农业现代化发展道路成为农业生产方式转变的根本途径。农业绿色发展就是以资源环境承载能力为依据,将绿色发展观贯穿到农业生产的全过程,最终实现农业生产过程的资源节约和环境友好。而农业循环经济可以较好地解决农业生产主体脱节和资源浪费问题,实现农业生产的低消耗、低污染。因此,发展循环型农业产业成为改善生态环境的有效路径,也是推进农业产业绿色转型和农业经济可持续发展的必然选择(龚维纲、黄娜群,2016;郭晓鸣、李晓东,2016)。

农业现代化发展是我国农业发展的一个重要目标,农业农村现代化仍是国家现代化的短板。我国农业生产基础薄弱、农业企业经营规模不大、农业从业主体素质相对偏低、农业产业整体大而不强、农产品普遍多而不优、农业产业发展融合不够、农业发展质量和竞争力还有较大提升空间。为了破解这些难题,推进农业现代化,尤其要加快建设现代农业产业体系、农业生产体系和农业经营体系。② 农业产业体系重在解决农业资源要素配置和农产品供给效率问题,指引农业产业发展的方向,是三大体系中的核心和关键(张克俊,2011)。

---

① 《国务院办公厅关于加快转变农业发展方式的意见》,中华人民共和国中央人民政府网,http://www.gov.cn/zhengce/content/2015 - 08/07/content_10057.htm,2015 年 8 月 7 日。
② 《构建三大体系 推进农业现代化——学习习近平总书记安徽小岗村重要讲话体会》,人民网,http://politics.people.com.cn/n1/2016/0518/c1001 - 28358378.html,2016 年 5 月 18 日。

第一章　循环型农业产业发展的背景与脉络

2016年2月，国家发展改革委和农业部、国家林业局联合印发的《关于加快发展农业循环经济的指导意见》中提出，我国农业循环经济发展的目标是"到2020年，建立起适应农业循环经济发展要求的政策支撑体系，基本构建起循环型农业产业体系"。近年来，在国家大政方针的指引下，各区县开始试点发展农业循环经济，其中以种养结合为核心的循环型农业模式得到了政府的大力推进。2016年中央一号文件中首次提出"启动实施种养结合循环农业示范工程"。2017年8月，农业部印发了《种养结合循环农业示范工程建设规划（2017—2020年）》，清晰阐明了发展种养循环农业的迫切性，提出"整县推进、机制创新、循环利用、种养协调"的原则，明确到2020年在全国建成300个种养结合循环农业发展示范县，基本实现作物秸秆、畜禽粪便的综合利用。2017年9月，中共中央办公厅、国务院办公厅印发的《关于创新体制机制推进农业绿色发展的意见》要求坚持以空间优化、资源节约、环境友好、生态稳定为基本路径，树立节约集约循环利用的资源观，构建科学适度有序的农业空间布局体系、绿色循环发展的农业产业体系。[①] 2018年之后每年农业部公开的《农业农村工作要点》等文件中均多次明确提出大力发展生态循环农业，推进种养循环、农牧结合。构建循环型农业产业体系既是农业现代化发展的要求，更是农业循环经

---

① 《中共中央办公厅　国务院办公厅印发〈关于创新体制机制推进农业绿色发展的意见〉》，中华人民共和国中央人民政府网，http://www.gov.cn/zhengce/2017-09/30/content_5228960.htm，2017年9月30日。

济发展的重要工作。

中国农业循环经济的发展是基于外部环境（生态环境压力等）的变化，通过政府制度推动开展的经济活动的典型。农业循环经济制度的产生和变迁适应了环境变化与经济需求，其中政府在农业循环经济中扮演着制度供给者的角色，其通过一套行之有效的制度体系，实现政府财政对循环型农业产业的有效补贴来促进农业经济的增长（龚为纲、张谦，2016）。

中国农业经济飞速发展的过程中催生了一大批新型农业经营主体，而政府的循环型农业产业制度供给直接影响农业经营主体的经济行为选择。政府作为监管主体承担构建起适应农业循环经济发展的政策支撑体系的重要任务，通过提供种养结合循环农业的项目建设推广等政策制度供给，来激励和约束各类农业经营主体参与农业循环经济的行为，在农业循环经济发展中具有举足轻重的作用。

政府作为农业循环经济制度建设和制度创新的主体，在市场经济中发挥着经济管理和监督职能，是产业发展中的重要一环。政府通过制度供给发挥经济管理的作用，引导农业服务业的发展，而市场进一步发挥资源配置的作用，共同促进了循环型农业产业的发展。

当前我国经济发展正处于经济增长结构转变的关键时期，农业经济发展处于农业增长与环境保护融合发展时期，在循环经济理论框架下探索我国农业循环经济发展的现状，结合制度供给变迁和循环型农业产业的发展，通过对相关经济主体的行为分析和实践中农业循环经济的案例探讨，以及对我国循环型农业产业经济制度演进和制度绩效的分析,来解析循环型农业产业发展的决定因素,这对推进农业循环经济发展、加快农业现代化进程和促进农业可持续发展具有十分重要的现实意义和理论价值。

第二节 循环型农业发展的脉络线索

农业是我国国民经济的基础,是发展循环经济的重要领域。国务院在2005年就对发展农业循环经济进行了总体部署[①],从2006年的中央农村工作会议和之后每年的中央一号文件都不同程度地提出了"在发展现代农业过程中积极鼓励发展农业循环经济"的要求。循环型农业产业发展更是解决当前我国农村环境问题的有效途径之一。加快发展农业循环经济是转变农业发展方式、保障食品供给和食品安全、建设生态文明的必然选择。

"十二五"时期,国家从产业规范发展的角度陆续出台畜禽养殖场建设的标准,并对养殖污染防治提出技术要求和规范,从技术指导等层面引导企业往循环经济转型。这一时期,国家层面还没有单独针对农业循环经济的管理制度,而地方在循环经济的发展建设中,逐渐提出发展生态农业、促进农林废弃物资源综合利用和循环利用的要求。

"十三五"期间,发展农业循环经济成为各地农业经济规划的重要工作之一。以生猪、牛、羊等养殖动物为主

---

① 《国务院关于加快发展循环经济的若干意见》,中华人民共和国商务部, http://www.mofcom.gov.cn/aarticle/b/g/200508/20050800307804.html, 2005年8月25日。

的标准化规模养殖场（小区）建设成为畜牧业工作重点，农业农村开始开展秸秆、畜禽粪便资源化利用和农田残膜回收区域性示范项目工作。农业循环经济工作从细节入手，包括养殖场建设的雨污分流、粪便污水资源化利用、生产废弃物无害化处理等方面，也包括在生猪大县开展种养业有机结合试点、循环发展试点等。《全国农业可持续发展规划（2015—2030年）》中提出了"优化调整种养业结构，促进种养循环"，沼气和生物天然气成为资源化利用的主要方向。此时，发展农业循环经济成为产业界共同的呼声。

党的十八届五中全会提出了创新、协调、绿色、开放、共享的新发展理念，明确指出要"促进粮经饲统筹、农牧渔结合、种养加一体、一二三产业深度融合发展"。2016年国务院发布的《关于落实发展新理念加快农业现代化实现全面小康目标的若干意见》中再次要求"启动实施种养结合循环农业示范工程"。以种养结合为主的农业循环经济建设既是国家制度的一项内容，也是促进农业循环经济发展的需要。按照循环经济的"减量化、再利用、资源化"理念，种养循环模式可推动我国农业生产由"资源—产品—废弃物"的线性经济生产方式，向"资源—产品—再生资源—产品"的循环经济生产方式转变，可以有效提升我国农业资源利用效率，减少农业废弃物对环境的污染和破坏，大力促进农业循环经济发展，实现农业绿色生产转型。种养业的生产废弃物以种植业的秸秆、养殖业的粪便为主。秸秆因为含有丰富的有机质、纤维素、粗蛋白、粗脂肪和氮、磷、钾、钙、镁、硫等各种营养成分，可以广泛应用于饲料生产、燃料、肥料、造纸、建材等多个领域。据专业技术测算①，1吨干秸秆的养分含量相当于50公斤到60公斤化肥，饲料化利用可以替代0.25吨粮食，能源化利用可以替代0.5吨标煤。粪便更是被称为"放错了的资源"，畜禽粪便含有农作物生长所必需的氮、磷、钾等多种营养成分，施于农田有助于改良土壤结构，提高土壤的有机质含量，提升耕地地力，减少化肥施用。1吨粪便的养分含量相当于20~30公斤化肥，可生产60~80立方米沼气。农业生产的这两类主要废弃物都是物质和能量的载体，可以转换成肥料、饲料、燃料以及其他工业化利用的重要生产资料。农业农村部计算数据显示，我国秸秆年产生量超过9亿吨，畜禽养殖年产生粪污38亿吨，农业循环经济资源利用潜力巨大。

当前我国农业循环经济发展处于初级阶段，还没有形成一定的规模化发展模式（曹慧等，2017；郭耀辉等，2018），但在减量化、资源化方面已经取得了初步的成效（张琨，2020）。国家统计局数据显示，我国农用化肥施用量自1978年的884万吨，持续增长到2015年的6022.6万吨，年均增长率约16%，达到峰值；随着绿色发展理念的贯彻落实和循环经济的发展，2016年开始年度农用化肥施用量持续降低，2019年我国农用化肥施用量降至5403.6万吨，比2015年降低了10.28%，降至2009年的水平，且当期的农业有效灌溉面积比2009年增加了约16%，化

---

① 数据来自《种养结合循环农业示范工程建设规划（2017—2020年）》，中华人民共和国农业农村部网站，http://www.moa.gov.cn/nybgb/2017/djq/201802/t20180202_6136360.htm，2017年9月20日。

肥减量化工作取得了一定成效。2020年生态环境部公布的《第二次全国污染源普查公报》显示，农业污染源水污染物排放量中化学需氧量1067.13万吨、总氮141.49万吨、总磷21.20万吨，[①] 同比第一次全国污染源普查数据分别降低了19.41%、47.69%和25.53%。这发生在农业生产规模持续扩大的基础上，表明我国农业环境污染源的治理工作取得了初步成效，但这远远不够。我国依靠化肥和农药的高投入来推动农业经济发展的做法已经给我国的土壤、水和空气带来了严重的污染，仅依靠农业生产投入和污染物排放的减量化已经难以缓和当前农业发展和环境保护之间的矛盾（杨春平，2015）。

我国农业经济已经到了向绿色生态转型的发展阶段，大力促进农业循环经济的有序有效发展迫在眉睫，而探索形成一整套有效的农业绿色转型经验做法，对推进我国农业可持续发展具有重要现实意义（周应华等，2020）。

第三节 循环型农业的研究与探索

一 循环型农业的几个核心概念

业界对循环型农业没有一个统一的定义，但这并不影响大众对循环型农业的认知。循环型农业是循环经济理念在农业经济中的应用，我们在此将循环型农业涉及的几个核心概念逐一厘清，包括循环经济、农业循环经济、种养

[①] 《第二次全国污染源普查公报》，http://www.mee.gov.cn/xxgk2018/xxgk/xxgk01/202006/t20200610_783547.html。

结合循环模式、循环型农业产业等，以便对我国循环型农业产业的构成有更加清晰的认识。

（一）循环经济与农业循环经济

循环经济的核心是物质资源的循环使用（解振华，2003），其遵循减量化（Reduce）、再利用（Reuse）、再循环（Recycle）的3R原则。其中，减量化强调减少进入生产过程的生产资料；再利用是尽可能多次或尽可能以多种方式使用生产资料，通过重复利用的方式，防止生产资料的浪费；再循环也称资源化，其强调尽可能多地将生产废弃物进行再生利用或转化成生产资料。随着欧盟对循环经济研究的深入，其在垃圾管理政策中开始提出第4个"R"，即Recovery（能源回收），意指通过垃圾焚烧等方式对前三个"R"无法进一步回收利用的资源进行回收利用（European Commission，2008）；之后学者们在4R框架的基础上发展出了6R（Sihvonen S、Ritola T，2015）甚至9R（Van Buren N et al.，2016），要求拒绝产生垃圾、从产品的设计和生产过程去反思废弃物的最终去向、减少材料使用和有害物质的使用，提倡重复使用、翻新使用、改变用途再使用等循环理念和垃圾分类与垃圾处理。

循环经济的特点就是资源节约、资源循环利用和保护生态环境，其目的在于人类的可持续发展，而人类可持续发展离不开几个核心词——环境、经济、社会和未来（子孙后代）。它围绕环境质量问题探讨循环经济怎么样在维持、保护或恢复环境的同时提高资源效率从而实现向低碳经济的转型；围绕经济发展与繁荣问题探讨循环经济如何去维持、保护或促进经济的发展；围绕社会发展问题讨论循环经济如何保护和改造人类福祉，促进社会文明发展等；从时间维度探讨循环经济的发展，关注人类子孙后代的未来，这同时是一个需要长期关注和讨论的问题（Kirchherr J、Reike D、Hekkert M，2017）。因此，这种经济增长方式代表一种新的生产观、消费观和价值观。

农业循环经济，是指循环经济理论在农业生产领域的应用与延伸。它是从节约农业资源、保护生态环境和提高经济效益的角度出发，在农业资源存量、环境容量以及生态阈值等综合约束条件下，运用循环经济学方法开展农业生产活动以及构建农业生产体系，并通过末端物质能量的回流形成物质能量循环利用的闭环农业生产系统（方杰，2005；Zheng C et al.，2014）。黄贤金（2004）指出，农业循环经济区别于生态农业、绿色农业、可持续农业的特征在于生产流程的循环化设计、环境目标与经济目标共同实现以达到资源节约与高效利用、低污染甚至零污染排放三个方面。农业循环经济带有农业自身所具备的特点：一是食物链条，农业内部参与循环的主体互补性、共生性更强；二是绿色生产，强调对资源的保护和可持续利用；三是领域，不仅包括农业内部生产方式的循环，更包括对农产品加工过程中产生的废弃物的再利用（王芳等，2013）。

（二）种养结合循环模式

农业循环经济作为循环经济系统中的一个子系统，强调在资源投入、产品生产、产品消费与废弃的全过程，把农业生产活动从过去的"自然资源—农产品—废弃物"的资源消耗线性增长模式转变为"自然资源—农产品—废弃物—再生资源"的循环经济增长模式。农业产业是由农、林、牧、渔及服务业构成，其各个子产业间存在着资源相互补充、利用的关系，目前多地已探索了基于废弃物再利用的模式、农业产业横向耦合生产模式、立体生态种养模式、观光生态农业模式、无公害农产品生产模式等，其中"畜—沼—粮/果/菜/草"循环模式在大多数农业地区实现了推广普及（王芳等，2013）。在循环经济理论应用和实践的过程中，以种植业为主的农业主要需要的肥料资源可以通过养殖业产生的畜禽粪便提供；同时，种植业在生产过程中产生的秸秆等废弃物可以转化为养殖业生产所需要的饲料等资源，由此形成了种养结合的农业循环经济模式，其耦合路径如图1所示。

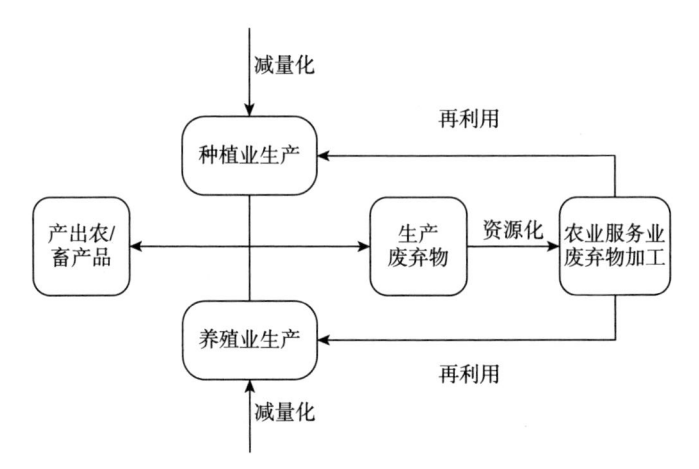

图1 种养结合的农业循环经济耦合路径

种养结合循环模式是农业经济活动中将种植业和养殖业紧密衔接的一种农业循环经济模式。畜禽养殖产生的废弃物（粪便）含有农作物所必需的氮、磷、钾等多种营养成分，施用于农田，有利于改良土壤结构、提高土壤的有机质含量，从而减少化肥的使用。据农业部估量，一吨粪便的养分含量相当于20~30公斤化肥，我国目前畜禽养殖年产生的粪便约38亿吨，资源利用的潜力巨大。我国种植业广泛种植水稻、高粱、玉米等粮食作物所产生的生产废弃物如各类秸秆同样含有丰富的有机质、纤维素、粗蛋白、粗脂肪和氮、磷、钾、钙、镁、硫等各种营养成分，可以应用于多种饲料、肥料、燃料等。种养结合的农业循环经济从理论上完全符合"减量化、再利用和资源化"的循环经济理念。本书也以此为代表来展开对循环型农业产业的研究。

（三）循环型农业与循环型农业产业

根据对循环经济理论的深入研究，业界学者们对循环型农业有不同的定义，郭铁民（2004）将循环型农业定义为一种农业经济形态，即以生态学、生态经济学、生态技术学原理作为基本原理，通过绿色GDP核算体系和可持续发展评估体系，实现农业经济增长与生态环境改善动态均衡的经济发展模式。方杰（2005）更强调循环型农业是将传统依赖农业资源消耗的农业经济线性增长方式转变为依赖农业资源循环利用的经济增长方式。黄贤金（2004）在对循环型农业进行定义时，更突出其是遵循3R原则来优化产业活动，从而实现减少对环境有害因子干扰的农业生产模式。王芳等（2013）在归纳循环经济与可持续发展理念基础上，从清洁化社会生产劳动的层面，强调循环型农业是以循环利用自然环境提供的资源、能源从而取得人类社会所需要的农产品的生产部门。本书所指循环型农业主要是以种养结合循环模式为主的农业循环经济体系。

产业在经济学理论中是指经济社会中的物质生产部门

（梯若尔，2014）。按照产业经济学的观点以及我国对产业的划分标准，循环型农业产业特指参与循环型农业生产的部门，它包括三个层次：产业组织、产业联系和产业结构。循环型农业是将循环经济的理念应用到农业产业中从而形成的一种新的农业生产方式。循环经济本质上是生态经济，倡导的是一种环境友好的经济发展模式，强调循环和生态效率。循环是把经济活动组织成一个"资源—产品—再生资源"的反馈式流程，其注重生产、流通、消费全过程的资源节约和整个社会物质的循环应用（解正华，2003）。生态效率强调的是资源的低开采、高利用和低排放（诸大建，2000）。所有的物质和能源要能在这个不断进行的经济循环中得到合理和持久的利用，以把经济活动对自然环境的影响降低到尽可能低的程度（刘平宇、马骥，2002）。因此，循环型农业产业是指农业产业组织通过共同参与农业循环经济生产活动从而形成的生产部门集合。它包含农业产业组织和与之相联系的交易关系。

基于此，本书从主体和关系两个层面去梳理我国循环型农业产业的构成。农业废弃物是某种物质和能量的载体，是放错了的农业资源，无论是作为养殖业废弃物的粪便还是作为种植业废弃物的秸秆，都需要经过回收并且加工成种植业和养殖业分别所需要的生产资料才能被资源化利用，这个回收和加工的过程在农业循环经济中面临着较多现实问题。当前，政府部门充分认识到保护生态环境的重要性，并大力支持发展农业循环经济，从循环的角度考虑解决农业生产面临的生态环境问题。政府在资金、政策、技术等方面大力鼓励养殖场标准化建设、沼气工程建设、畜禽粪便综合利用、秸秆综合利用等项目，通过出台《水污染防治行动计划》《土壤污染防治行动计划》《畜禽规模养殖污染防治条例》等文件对种养结合循环经济的发展予以规范和约束。由此，政府作为一个部门参与到循环型农业产业中来。

农业循环经济，"循环"是第一位的，主要解决资源再生问题，而"经济"同样重要，只有具备经济性，产业才能更快发展起来。政府在产业发展的过程中主要使用激励机制和约束机制来进行治理。在政府的参与下，种植业和养殖业企业在环境规制和企业发展之间寻求平衡，逐渐形成了新的循环型农业产业模式。政府通过激励机制提供政策、资金、技术等资源鼓励企业参与农业循环经济，并通过制度约束的方式限制企业在生产过程中的环境污染行为，政府与企业之间就是一种契约关系。种植业和养殖业之间通过相互提供所需要的生产资料或者通过第三方农业服务业实现资源的再利用，它们之间也是契约关系。这共同构成了循环型农业产业的产业体系（见图2）。

由此，种养结合模式下，政府、种植业、养殖业、农业服务业四者以产业链方式连接起来，共同构成了多主体的循环型农业产业。

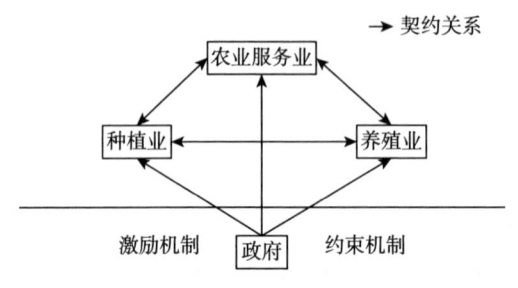

图 2 循环型农业产业的产业体系

综上所述,在循环型农业产业中,农业产业各主体之间有了更加紧密的合作关系,不再是相互独立的产业主体,并且通过废弃物资源化利用,有效解决生产过程中的废弃物,整体实现绿色生产和农业产业的可持续发展。基于前述对相关概念和内涵的理解,循环型农业产业是政府与产业主体、产业主体与产业主体之间紧密结合的有机系统,其确保农业产业的废弃物资源化利用和农业产业的生产资源减量化,以实现循环型农业产业的经济绩效和制度绩效最大化。本书将政府与以种植业企业、养殖业企业和农业服务业企业为代表的在农业生产中因参与农业循环经济而形成的产业主体作为循环型农业产业的研究对象。

二 国内外研究动态

(一)循环经济与循环型农业的理论研究

在国外,循环经济这一理论是和其他理论融合发展的。美国最早提出的工业共生理论及随后演变和派生的节能经济效益理念和工业生态系统理念等,都强调组织之间物质和能量的循环使用,以及可再生能源的开发利用,鼓励节能、充分合理利用现有资源等(Gibbs David and Pauline Deutz,2007;Moyer W and Josling T,2017)。比较著名的丹麦卡伦堡工业园区就是由众多企业合作而形成的"产业共生体",其实质上是通过企业间相互利用生产废物来降低环境的负荷和废物的处理费用,形成了一个循环的产业共生系统,卡伦堡市也因此成为生态城市的雏形(杨宇、钱金花,2015)。生态城市的概念在日本、新加坡等地得到了迅速发展,它利用循环经济的理论建立起资源生产和消费领域的循环经济模式，包括企业内部和企业之间通过共享资源和互换副产品形成的循环生态链以及在社会范围内通过绿色消费和资源回收完成循环经济的闭合回路，这一理念被称为"资源系统循环消费生产理念"（大桥洋一，2008）。循环经济理论与工业生态学以及生态经济学等学科相关，它以某种方式影响生产和消费（Brandoni C and Bosnjakovic B，2018）。

作为一种新的经济发展方式，循环经济在全球范围内得到了广泛关注和积极响应，循环经济理论得到了快速应用和发展。在德国的环境政策中，循环经济理论被应用于约束原材料与自然资源的使用（Graham-Tomasi T，1991）。在韩国和日本，政府通过设定资源和废弃物处理价格，来调整经济组织的成本约束条件，并在相应的举措中利用了循环经济相关的概念去强调消费者对材料使用和废弃的责任感（何龙斌，2012）。在英国、丹麦、瑞士等国家，循环经济理论被应用于废弃物的管理，一些关于应用材料循环利用的商业模式也融合了循环经济的概念（杨宇、钱金花，2015）。在北美和欧洲等地区，很多公司强调通过3R的循环经济理念来进行产品类生命周期的研究（Kirchherr J、Reike D、Hekkert M，2017）。

中国的循环经济发展起步较晚，但迅速吸取了国外的理论精髓。张凯（2003）认为发展循环经济能够从根本上消除环境的外部不经济性，从而形成循环经济与市场经济的统一，实现市场经济的规范有效发展。解振华（2005）认为循环经济将生态环境作为经济增长的主要要素，是一种新的经济形态。在这种经济形态下，在人类生存条件和福利平等的基础上，良好的生态环境可以成为一种公共财富，从而实现全体社会成员社会福利最大化。

作为改善生态环境的有效路径，发展循环型农业引起了社会各界包括学者、政府和市场经营主体的广泛关注（牛若峰，2006；王芳，2008）。循环型农业是循环经济理念被应用于环境与农业的可持续发展研究而衍生出来的概念，包括农业循环经济、循环农业等。在国内，21世纪初陆续有文献探讨农业循环经济的发展与理论（黄贤金，2004）。邓启明、黄祖辉（2006）梳理了循环型农业的概念、内涵、发展的内容、特征、模式、实践等，认为中国循环型农业还存在理论、技术、政策、法律等多方面问题，亟待学术界解决。期初，各类学者多是简单地把循环经济的基本原理应用于农业系统，找到实现农业可持续发展的根本途径、实现形式、技术措施等，并对循环经济的3R原则在农业层次和不同循环层次中的应用进行阐述（周震峰，2008）。

（二）循环型农业的应用研究

循环型农业相关的应用研究包括了企业内部和企业之间的研究（Abaidoo S and Dickinson H，2002），以及对政府的政策实践进行的理论分析（Thirsk J，1997），也有NGO等公益组织倡导循环经济理念所进行社会宣传或者直接参与农业循环经济的实践研究和来自经济学、环境学等相关学科的专家学者对农业循环经济的生产实践进行的实证研究等（Lowrance R et al.，1986；Peña C R et al.，2018）。国外发展循环型农业的代表性国家是日本和美国。日本在20世纪90年代初提出了"环境保全型农业"的概念,以千叶县的循环农业示范基地为例,主要是通过土壤修复、减少化肥农药的使用等手段,减轻农业对环境的压力,发挥农业资源的循环功能,保证农业发展的可持续性(刘佳奇,2015)。美国农业可持续发展则侧重农业生产布局、耕地地力保护、农业面源污染治理和农业废弃物资源化利用四个方面(李晓琳等,2018;周应华等,2020)。

各类学者和研究机构从不同的角度来研究如何实现农业资源的减量化、再利用和再循环,对农业循环经济的内涵和特征,农业循环经济的发展阶段、特点、发展趋势、发展模式等,展开了全方位的探讨。较多谈论的有农业立体循环、北方"四位一体"生态农业模式、南方"猪—沼—果"生态循环模式、平原农林牧复合生态模式、观光农业生态循环模式等,还包括制约循环农业发展的因素以及需要注意的问题、对策建议等,为政府的政策制定、企业的经营决策等都起到了一定的参考作用(郑学敏、付立新,2010;翟绪军,2011;张荣现,2012;周柳,2016)。随着农业循环经济的发展,农业循环经济的制度设计、法制建设问题、存在的困境和对策建议也成为研究的热点(黄明元等,2011;黄教珍,2011)。

国内学者对循环型农业的应用研究,表现在以 3R 原则为指导,提出了多种循环型农业的发展模式。例如,作为"赣南模式"而被农业部推广的江西"猪—沼—果"生态农业模式(翟绪军,2011);我国西北内陆灌区推出的"玉米—牛—沼气—日光温室"的农业循环模式(王勤礼等,2010);湖南省提出的"粮—猪"农业产业链循环的废弃物资源化利用模式(尹丽辉、肖顺勇,2008);湖北省提出的

"猪—沼—地—菜—鱼—村"六位一体的生态型农业产业循环链（周海川，2012）等，都在农业生产实践中很好地应用了循环经济理念。寇冬梅等（2011）针对贵州的区域特征提出了以农村庭院为中心的循环农业发展模式。俞花美等（2011）根据海南省的热带气候特征提出了热带地区可持续发展农业和循环农业的典型模式。耿晨光等（2012）则针对长三角水网区域提出以城乡为中心的同心圆循环农业发展模式。尹昌斌等（2013）对以生猪养殖、林果种植为核心的立体复合的循环型农业发展模式进行了研究。郭晓鸣等（2016）和徐晓东等（2012）则分别从农户、区域、生态、技术、制度等层面提出构建循环型农业体系和未来农业循环经济发展的趋势。王筱萍和刘文华（2020）从农业循环经济的运行机制视角，探讨了不同主体的差异化绿色融资模式，为完善农业循环经济的金融支持机制提供了政策参考。姚晓萍（2020）从精准扶贫的视角对山西省农业经济的生态、技术、人力等问题进行了研究，创新性地提出了区域农业循环经济发展的实践建议。隋猛（2019）从能源系统的角度在原有的种植业、养殖业、沼气和庭院组成的四位一体的模式的基础上研究了畜禽养殖、沼气生产、能源供给、温室大棚和农业种植的五位一体的农业循环经济新模式，它也是一种工农商联合发展的循环模式。陈霄等（2021）以"猪—玉米"循环型农业为例，构建了一种系统模型，计算得出种植规模在 9.85～13.64 公顷、养殖规模在 725～931 头可以达到经济效益、生态效益与资源的平衡化。这些模式的探讨与应用为当前我国大力推行的种养结合循环农业的发展奠定了基础。

（三）循环型农业的应用评价

马吉巍（2020）从生态产业链建设的视角分析了我国农业循环经济的建设发展，从种养结合、畜禽粪利用和秸秆利用等方面探讨了生态产业链的建设机制和建议。张琨（2020）从法治化的视角指出我国农业循环经济法治化发展还存在着立法、执法的困境，提出守法激励和加强宣传等对策建议，强调了农业循环经济法治化发展的重要性。王海虹和任育锋（2020）则认为我国农业循环经济发展还处于标准化建设的起步阶段，提出农业循环经济发展还需要通过完善基础标准、产业链标准、方法标准等多层次的标准体系建设。

伴随着不断丰富起来的循环型农业在不同区域的实践，很多学者开始针对农业循环经济发展进行了指标评价体系的研究。马其芳等（2005）运用BPEIR模型从资源的减量化、循环利用和环境安全等不同层次对江苏省的农业循环经济发展水平进行了评价，并发现资源减量投入是影响农业循环经济发展的主要因素。王芳（2006）结合研究地区农村的资源水平和农业循环经济发展现状，提出建立农业可持续发展的评价模型和指标体系。王永龙等（2006）利用BPEIR模型（行为—压力—效果—冲击—反应）对浙江省的农业循环经济进行了实证分析。杨锦秀等（2007）在调查的基础上分析四川省农户参与农业循环经济的影响因素，对农业循环经济的实施效果进行了评价。2007年国家发改委和国家环境保护总局、国家统计局联合发布了《循环经济评价指标体系》，从资源开发、资源消耗、资源综合利用和废弃物排放四个方面入手，从宏观和工业园区两个层面上分别提出了22个和14个循环经济评价指标。杨羽和杨汉兵（2019）采用能值足迹模型根据能值密度和能值承载力测算了区域性农业循环经济发展水平，这是生态承载力测算的一种技术进步。傅桂英和刘世彪（2019）从价值流分析方法入手，构建了（物料）技术—（价值）经济—（环境损害费用）环境一体化的评价体系，研究结果证明企业参与循环经济后提高了资源循环利用效率，且政府实施的农业政策补贴是有效的。

学者们采用层次分析法、数据包络分析法、结构方程模型等，有针对性地选取一定指标对不同区域的农业循环经济发展模式的经济效益、社会效益和生态效益等进行了评价，为农业循环经济的阶段性发展提供了指引。何鹏等（2018）从四川省的农业污染、资源短缺等现实问题出发，运用BPEIR概念模型和层次分析法等综合评价了四川省的农业循环经济发展水平，也提出资源减量投入是影响四川省农业循环经济发展的主要因素。江激宇等（2020）在研究安徽省的农业循环经济发展的有效性问题时，提出农业循环经济发展效率的提高主要依靠农业技术的进步，农业产业结构和化肥有效利用率等也影响农业循环经济的发展效率。李宵寒等（2019）采用交叉DEA模型测算了安徽省的农业循环经济发展效率，认为安徽省农业循环经济发展效率整体偏低，还需要技术升级与乡村治理制度完善的共同作用。成鹏远等（2019）采用DEA-Malmquist指数方法将化肥和农药作为环境消耗指标测算了华北五省的农业循环经济全要素生产率的效率和技术变化。邓旭霞等（2020）也在3R原则基础上构建了评估指标，采用熵值法对湖南省的农业循环经济发展水平进行了综合评价,认为2007年以来湖南省的农业循环经济总体发展缓慢,而资源投入减量指标是阻碍农业循环经济发展的关键。蒋硕凡等(2021)运用超效率数据包括分析方法对2016～2018年我国31个省份的农业循环经济进行了实证研究,发现大部分农业省份的农业效率稳步提升。

从经济发展的视角出发,农业循环经济在我国还是一个新生事物,有学者从农业经济发展的内外部因素入手,对当前我国发展农业循环经济存在的困难和问题进行了分析,并从制度建设、财税政策等方面尝试提出了相应的对策建议(郭晓鸣、李晓东,2016)。李嵩誉(2010)在研究重塑农业循环经济的时候提出,制度建设是农业循环经济的根本,解决农业经济的环境问题主要取决于制度建设和政府决策。而我国农业循环经济目前还没有专门的、全国性的法律文件,只有一些制度、建议、规划等,并且很多都缺少具体的实施细则,相关政策体系如在财政补贴制度、税收优惠政策、政府直接投资等方面也都有待完善。政府行政命令多、以市场机制为主体的间接政策少、发展水平不同的地区政策差异化不明显、政策现实指导性不强等被认为是当前我国农业循环经济制度建设面临的困境(王火根、翟宏毅,2016)。从立法角度来看,我国农业循环经济立法的理念和原则不能涵盖农业循环经济的全部内容,地方立法也相对薄弱(张荣现,2012),完善立法还需要从循环经济的原则、农业循环经济基本法以及专项性的法规等方面去加强,更要辅之以地方立法来实现整体法律体系的完善(赵海燕,2013;周柳,2016)。赵玥和李翠霞（2021）研究了畜禽粪污治理相关政策的演变过程，发现推进制度演变的主体正在逐渐从政府向社会公众转变，政策制度也逐渐从笼统性、原则性向针对性、可操作性强方向转变。

综上所述，循环型农业的研究从循环经济理念的发展和原则的丰富，发展演变到循环型农业模式等多个方面，包含理论研究、概念内涵、模式应用、指标评价体系建立、发展效率评价等一系列的内容，研究成果比较丰富。中国农业循环经济主要是基于传统农业快速大规模发展给环境造成的严重后果的现实反思和循环经济思想的启发而逐步发展完善起来的。我国各地丰富的循环型农业实践走在了理论研究的前面，政府对农业循环经济的制度政策也在实践中不断完善。当前我国循环型农业产业发展正处于初级阶段，在中国特色社会主义治理环境下，针对循环型农业产业发展的相关研究还不够聚焦，政府与循环型农业产业中的种植业企业、养殖业企业和农业服务业企业等市场主体之间的作用机理等仍然存在一些理论、实践、机制等方面的内容亟待学术界研究探讨。

第四节 研究内容、方法与数据来源

一 研究内容

作者跟踪了"十三五"期间农业循环经济转型发展的现实情况。借鉴已有文献研究，本书以循环型农业产业为研究对象，围绕循环型农业产业的政府制度供给，探索政府如何提供有效的制度政策、产业中的不同主体如何对接并参与农业循环经济，从而为实现农业产业转型升级、实现经济生态效益的双赢提供参考。

除前述对循环型农业产业发展的背景与脉络讨论外，本书的研究内容如下。

1. 循环型农业产业制度供给与绩效的理论分析

本书基于新 SCP 分析范式考察循环型农业产业，构建 RCP 理论分析范式。以政府对循环型农业产业的制度供给为起点，研究循环型农业产业发展的决定因素，基于不完全契约理论、交易费用理论、制度变迁理论以及循环经济理论，提出循环型农业产业中，契约履约、交易费用和制度绩效影响循环型农业产业发展，从而构建本书的理论分析框架。

2. 循环型农业产业发展的经验实证与特征分析

从农业经济产业发展现状入手，厘清农业主要板块种植业、畜牧业和服务业的发展现状和存在的问题。针对循环型农业产业的发展缘起、应用模式分析等不同板块，探析循环型农业产业发展面临的困境，为循环型农业产业发展研究奠定基础。梳理我国循环型农业产业制度供给的目的、制度供给内容的演变等内容，厘清了当前我国循环型农业产业制度现状，为从制度供给视角推动循环型农业产业发展提供依据。

3. 循环型农业产业中主体间契约履约行为研究

通过将政府政策制度实施作为一种契约纳入到产业内，以主体间的不完全契约作为研究对象，对政府与企业之间的契约缔结和企业之间的契约缔结两种模式进行相关利益分析。对产业主体间契约缔结的影响因素进行归纳，探讨契约的不完全性和契约的履约机制，并基于 GHM 模型对契约履约进行分析。采用动态演化博弈研究方法，通过系统仿真分析，来研究种植业企业、养殖业企业和政府缔约各方之间的不完全契约的最优解，并得出影响循环型农业产业发展的因素。

4. 循环型农业产业交易费用与经济绩效研究

以产业中的交易费用为研究对象，基于交易费用理论，针对循环体系中交易费用的资产专用性、规模性和风险性，建立循环型农业产业中交易费用与农业增长的理论分析框架，并选取四川省县域农业经济数据，对产业主体间缔结不完全契约、契约履约等过程中的资产专用性、规模性和风险性展开分析，采用数据包络分析方法测度了交易费用，并通过两阶段最小二乘法检验了交易因素与经济绩效提升的相关性。通过探索产业经济绩效变动的机理，明确政府制度供给要实现绩效最优的影响因素和制度变迁的路径，为农业经济绿色转型发展提供科学研究支持。

5. 循环型农业产业制度供给绩效研究

以循环型农业产业制度为研究对象，分析四川省循环型农业产业制度的产生与变迁过程。选取2007~2018年四川省县域农业经济相关数据，建立循环型农业产业的制度变迁与经济绩效的理论分析框架，采用DEA-SBM模型计算农业经济效率损失，对循环型农业产业的制度绩效进行了实证分析，检验循环型农业产业制度体系与农业经济增长的关系。通过厘清政府政策制度实施与市场机制运行之间的关系，提供循环型农业产业市场机制和政府制度的优化路径，促进中国绿色高效循环型农业产业的发展。

6. 县域循环型农业产业不完全契约履约效率的案例研究

以循环型农业产业县域单位和产业经济主体企业为主

要研究对象,通过选取有代表性的示范县和县域范围内典型种植业和养殖业企业的案例来展开研究。本书选取了四川省典型农业大县和畜牧大县泸县的循环型农业产业发展作为研究案例,对县域范围内循环型农业产业发展变迁进行详细阐述。对示范区进行了三年以上的跟踪研究,分别采用了座谈、跟踪走访等方式,结合对不同产业中代表性微观主体的个案研究,实证分析农业企业参与循环型农业产业的环境约束现状、政府政策实施绩效等,具体分析了政策制度和市场机制条件下产业主体的有效对接程度和发展变迁,探析了循环型农业产业内不完全契约的履约机制和政府制度绩效;并通过产业主体的满意度调查,解析了产业主体的行为在循环型农业产业发展中的作用,剖析农业循环经济发展过程中种植业企业、养殖业企业、农业服务业企业等不同主体的行为对循环型农业产业发展的影响。

7. 提出循环型农业产业发展的对策建议

最后通过找出循环型农业产业发展的有效路径,基于研究结论提出对策建议,以期提高农业产业主体参与农业循环经济的积极性,为循环型农业产业发展提供更有价值的现实指导。本书将实证分析与案例分析结合得出了契约履约、交易费用和制度在循环型农业产业发展中的重要作用机理的相关结论,并基于此结论分别在履约机制、降低交易费用和制度创新与制度优化等方面提出了相关对策建议。

二 研究方法

结合国内外研究成果和实地调研情况,本书对循环型农业产业的研究,坚持规范研究与实证研究相结合、计量分析与案例分析相结合、定量分析与定性分析相结合。

(一) 规范研究与实证研究

本书对循环型农业国内外研究现状的文献综述、我国循环型农业产业发展的经验实证以及理论脉络梳理等方面，主要采用规范分析方法去提出问题，通过文献研究与理论研究相结合的方式去阐述问题，梳理理论分析框架。对循环型农业产业内不完全契约、交易费用以及制度绩效的研究，主要采用实证研究方法，深入剖析我国循环型农业产业发展的内在机理。

(二) 计量分析与案例分析

本书的实证研究部分主要采用计量分析与案例分析相结合的方式，其中计量分析方法主要运用了动态演化博弈分析、数据包络分析和两阶段最小二乘法等。动态演化博弈分析是把博弈理论和动态演化过程结合起来的一种分析方法，是强调动态均衡的一种方法论。数据包络分析是根据多项投入指标和多项产出指标，利用线性规划的方法对具有可比性的同类型单位进行相对有效性评价的一种计量分析方法，被广泛应用于与效率相关的研究。

本书研究循环型农业产业中的契约不完全性时，采用动态演化博弈分析方法，将产业中相关主体之间的契约分为政府与农业企业和农业企业之间两类契约，并探讨契约的不完全性和契约的履约机制，在假设条件下构建了产业中政府、种植业企业、养殖业企业和农业服务业企业四方的博弈矩阵，基于此建立了动态方程系统。通过 Matlab 软件仿真分析了不同假设条件下和不同参数赋值情况下的循环型农业产业中各博弈方的运行轨迹，进一步探讨了不同主体的均衡策略选择。

本书选用了基于规模效益不变的 CCR 模型和基于松弛变量的 SBM 模型来分别计算农业经济效率。所使用的数据是四川省 140 个农业县 2007~2018 年的投入产出相关数据。基于 CCR 模型，效率的有效性是指技术效率和规模效率同时达到了有效的情况。本书利用该模型计算了县域农业经济效率，并将经济效率转化为交易费用，将交易费用分解为资产专用性、规模性和风险性三个方面，通过两阶段最小二乘法进行回归分析来解读资产专用性、风险性和规模性与经济绩效的相关关系，进一步探析了循环型农业产业的交易费用的影响因素。基于 SBM 模型计算县域农业经济的纯技术效率和规模效率，通过解读农业循环经济制度体系建立和变迁期间经济效率的变动情况、畜牧大县与非畜牧大县的变动差异、畜禽粪污资源化利用整县推进项目县的差异等，探讨了农业循环经济制度变迁的制度绩效。

本书在交易费用和制度绩效的实证研究中，都选取了县域农业经济数据，农业循环经济制度中的畜禽粪污资源化利用整县推进项目也是以县为单元。选取典型的农业县作为案例研究对象，对本书深入解读循环型农业产业发展具有典型意义。本书选取了四川省泸县作为一个研究案例，该县的政府农业管理部门、农业养殖龙头企业、种植大户、畜禽粪便收集服务专业合作社等产业主体均为研究调查对象。通过搜集各部门和机构的相关文件、档案记录并跟踪访谈调查对象，在该县域农业循环经济的发展变迁方面获得了较多一手资料。通过分类、列表，采取结构性分析框架，从农业循环经济制度、产业主体的契约、交易费用三个维度进行推理论证，总结提炼县域循环型农业产业发展的成功经验，并为下一步农业循环经济加速发展提供决策参考。

（三）定量分析与定性分析

本书力争做到定量分析与定性分析二者的有机结合，以客观真实反映本书要研究的问题和内容。在对我国农业产业发展与循环型农业产业发展的经验实证中，用统计数据分析、证明观点；在案例分析中通过座谈等方式获得资料，采用定性与定量相结合的方式来剖析县域循环型农业产业的发展经验。

三 数据来源

四川是中国的农业大省，辖内有21个地市州、183个县市区，农耕历史悠久、人口众多，在我国农业经济中占据重要地位。本书在研究中采用了四川省140个农业县的宏观经济数据作为交易费用测度和经济绩效测度的依据，数据分别从国家统计局数据库、《中国县域统计年鉴（县市卷）》和《四川统计年鉴》中获取，主要选取了四川省2007~2018年的面板数据，在农业循环经济制度供给方面也涵盖了国家政策与四川省地方政策的实施情况。为了能更深入了解循环型农业产业的微观主体情况，作者跟踪调研了一个农业大县内的龙头企业2014~2018年的经营情况，以期能从更完整的视角研究政府制度供给影响市场主体行为、经济绩效和制度绩效的机制。

第二章 循环型农业产业制度供给与绩效的理论分析

本书在中国特色社会主义制度体系下研究循环型农业产业的制度供给与绩效，在以政府制度供给为起点的 RCP 范式的基础上，结合循环经济理论中关于资源节约和社会价值最大化的思想展开分析，分别使用了新制度经济学理论相关的不完全契约理论、交易费用理论和制度变迁理论，为构建本书的理论分析框架奠定基础。

第一节 相关理论基础

一 产业组织理论

（一）SCP 与 RCP 分析范式

产业组织理论是从供给的视角分析产业的市场结构、企业行为和经济绩效的关系。经典的 SCP 分析范式就是从现代产业组织理论中的市场结构（structure）、市场行为（conduct）和市场绩效（performance）入手，其核心观点是市场结构决定市场行为，市场行为影响市场绩效。这也为产业研究提供了理论和路径参考（张冬梅等，2013；吴伟，2018）。在中国特色社会主义治理体系下，政策规制是政府对市场的一种治理手段。有学者将规制（rules）作为 SCP 范式中三个分析点的起点，从而构建了 R-SCP 分析范式，也被称为 RCP 分析范式。该分析范式强调政府制度供给影响市场结构，从而影响市场行为和市场绩效（范玉仙等，2016）。

在我国农业循环经济的发展进程中，中央政府通过项目供给的方式提供中央财政奖励来引导和鼓励地方政府与市场经济主体参与农业循环经济。以"废弃物资源化利用"为主导的政策文件同样伴随着中央政府项目供给的推进。"项目制"作为一种国家治理体制，是国家通过转移支付的方式来配置资源，从而将从中央到地方的各层级关系和社会各领域结合起来的治理模式，其不仅是一种体制机制，更是一种引导国家、社会组织和个人决策和行动的思维模式（渠敬东，2012）。RCP 范式的分析框架如图 1 所示。

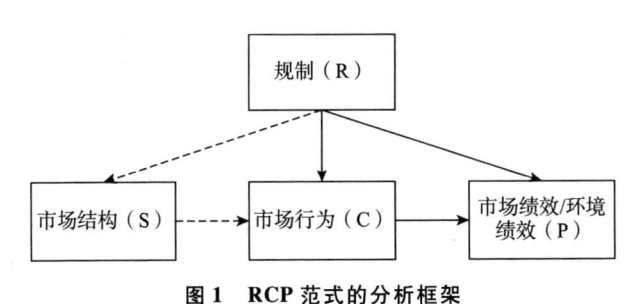

图 1　RCP 范式的分析框架

（二）关于产业组织理论与产业发展的研究

中国的产业发展问题一直是经济学领域的一个研究热点。马歇尔提出的专业化和外部性是研究产业发展的主要基础理论，学者们采用不同产业的数据来研究证实了专业化分工、多样性以及竞争等与产业发展的相互关系，其中专业化分工被证实对不同地区和不同类型的产业发展的影响存在着显著差异（吴三忙、李善同，2011）。学者们也研究了产业发展的影响因素包括基建、贸易、FDI、人力资本等，这些影响产业发展的因素主要是通过降低交易费用的方式来影响产业增长（田雨辰等，2021；曹祎遐、黄艺璇，2021）。随着新制度经济学的发展，制度因素被越来越多地引入到经济增长的研究中来，并被证实了对产业增长的重要作用（Aric Rindfleisch，2020）。产业作为介于宏观经济和微观经济之间的中观经济，是社会分工和生产力发展的产物。农业循环经济作为一种新的经济增长方式，其所带来的循环型农业产业也是社会化分工的产物。在中国特色社会主义治理环境下，农业作为具有准公共品性质的部门需要国家通过制度治理的方式解决农业生产过程中的外部性问题。产业发展必然带来产业主体的发展，产业主体的重点是企业，任何一个企业都必然在产业中通过与其他企业之间的相互经济行为产生关系。新制度经济学将这些关系行为称为交易，而每一次交易都可以视为一份契约，因此，产业也是一系列契约的联合体。本书尝试从新制度经济学的视角对循环型农业产业的发展进行研究，通过交易和契约去解读循环型农业产业的内部关系与产业发展的相互影响。

二 新制度经济学理论

（一）不完全契约理论

新制度经济学（new institutional economy）这一术语是由威廉姆森提出来的。新制度经济学与制度经济学的区别在于：制度经济学的研究对象是制度，包括制度本身的产生、演变及其与经济活动（经济主体的行为、经济增长、收入分配等）的关系，它的研究目的是价值取向问题，包括制度起源、制度比较与选择、制度变迁与经济增长、国家理论和意识形态理论等；新制度经济学则是运用新古典经济学的逻辑和方法去分析制度的构成和运行，并发现这些制度在经济体系运行中的地位和作用。这一学派主张经济学应该研究现实中的人，它从两个方面修正了新古典经济学：①人的行为是有限理性的；②人都具有为自己谋取最大利益的机会主义行为倾向。它修正了新古典经济学的零交易费用的假定，并引入了不完全契约、交易费用等理论来研究制度结构，使经济学的研究从抽象世界转到真实世界，更趋近于现实。

科斯（1937）在《企业的性质》一文中指出，企业本质上是一种契约关系，是一系列契约的联合体。威廉姆森（1975）认为任何问题都可以用契约来研究其产生或对其重新进行阐述。从某种程度上来说，契约是维系市场经济有效运作的关键。现代经济市场的有效治理依赖契约，根据新古典经济学的假设，完全竞争市场下的契约完全性是一种状态，现实中的契约大部分是不完全的。根据蒋士成（2008）的定义，不完全契约（incomplete contract）是指无法缔结状态依赖的合同。缔约双方不能完全预见契约履行期内可能出现的各种情况，从而无法达成内容完备、设计周详的契约条款。有限理性和交易成本被认为是导致契约不完全的两个主要原因（Tirole J，2010）。

不完全契约理论就是从契约的不完全性角度，回答了什么是交易费用和企业为何存在等问题。Hart 和 Grossman（1986）在《所有权的成本与收益，纵向一体化和横向一体化理论》的文章中提出，企业是由它所拥有或控制的资产构成的，当契约的一方当事人希望详细界定另一方当事人资产的特定权利但需要承担过高的成本时，那么对于前者来说购入除了在契约中所涉的权利外的所有权利可能是最佳选择。所有权就是所购入的这些剩余控制权，而纵向一体化就是通过购入某一供给者的资产来获得剩余控制权。它强调由于契约的不完全性而产生的扭曲会妨碍一方当事人用事后获得的收益来补偿其事前所做的投资。受不确定因素影响，缔约各方随时都可能重新签订契约，从而衍生出再谈判的问题；而关于产品的事前交易谈判是不可能的，从而提出了经典的不完全契约理论的基本框架 GHM（Grossman-Hart-Moore）模型（Grossman and Hart，1986；Hart and Moore，1988，1990）：资产所有权与剩余控制权相伴而生，所有者有权以任何方式使用资产，而不必与以前的合同、习惯或任何法律保持一致，即掌握剩余控制权的一方有权对契约中未明确的事宜采取相关措施。GMH 模型的基本分析框架如图 2 所示。

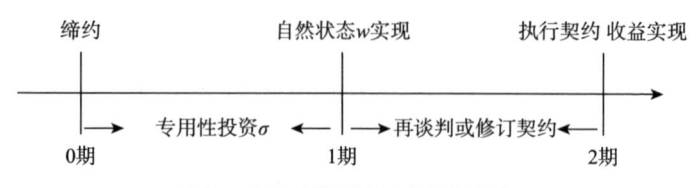

图 2　GHM 模型的基本分析框架

该模型假设市场交易的双方在 0 期签订契约，卖方在 2 期向买方提供中间产品 w。由于未来的不确定性，双方无法在缔约 0 期就签订明确收益分配的完全契约。为了实现交易，双方需要在自然状态发生过程中（0 至 1 期）做出专用性投资 σ。增加了专用性投资后，双方发生的再谈判或修订契约的决策为 $d(w)$，最后交易实现时缔约双方的价值 $v(\sigma, d(w))$ 就是其事前专用性投资和事后决策的函数，根据纳什均衡，就可以得出使缔约双方专用性投资水平最优的决策，从而最大化双方的净收益。根据聂辉华（2011）对不完全契约理论的研究，GHM 模型是第一阶段的不完全契约理论。这一模型被认为如果不完全契约的签订方可以在不确定性前提下计算双方的成本收益，那么也可以在事前制定最优契约从而做出最优的专用性投资行为。这种质疑被解读为 GHM 模型的假设条件并不充分。哈特和莫尔在后续的研究中补充了新的观点和假设，即事后的交易也不能被完全证实，但是可以通过引入参照点作为行为因素。在不同的环境下，契约的签订双方会基于各自关注的权利不同、参照点不同，从而有不同的决策行为。

自我实施机制、第三方实施机制和一体化机制是现实交易中常用的三种契约执行机制。契约的自我实施机制（self-enforcement）强调契约方自觉通过各方的信任、信誉与耐心等机制达到契约实施的目的。表面上看，这种实施机制的实施成本最低，但它需要通过一些约束条款来实现，包括报复机制、惩罚和声誉等，如契约各方预期自身违约会招致其他各方的报复与惩罚而选择遵守契约；或者通过文化、惯例、道德等非正式制度促进契约的实施；或者契约方有违背契约的前科会在发生新的交易关系时被考虑进去从而增加潜在交易成本等。当交易者预期"敲竹杠"的收益小于约束时，交易者将不会"敲竹杠"而仍按交易者相互理解的契约目标一致行动。反之，这种机制就会失灵，因为此时进行"敲竹杠"将是有利可图的（聂辉华，2005）。契约的第三方实施机制（third-party enforcement）指国家或者法律机关通过立法或者司法程序来弥补由契约不完全所造成的无效率。一体化机制是指纵向一体化，即将原来由市场连接的上下游厂商纳入到企业中，将外部契约转化为内部契约，企业代替市场从而实现行政命令约束契约履约而不是市场价格机制约束。纵向一体化能够比公平市场契约更好地解决"要挟"问题，内部治理机制可以调整以适应当事人的有限理性和契约条件的复杂性，通过在企业内部用权威而不是用契约来保证交易的实施、实现企业信息交换，这不仅有利于防范道德风险，而且可以节约契约成本。这些契约的执行机制都是为了应对不完全契约而导致的"敲竹杠"风险和保证契约的绩效。需要指出的是，每一种治理机制均有其特定的适用范围，各种机制不是孤立和排斥的，而是相互依赖和补充，多种机制共同作用才能保证契约执行效率。

契约的治理机制侧重于契约的履约承诺，不完全契约中的履约承诺是为了实现合同最优。威廉姆森（1983）认为资产专用性对投资、交易、利益分配等经济现象有重要影响，专用性投资的大小会影响对占有性准租金的预判，契约方可能出现的机会主义行为可以是为了获得更多的准租金。机会主义行为的出现必然导致缔约成本提高，长期契约将成为最优选择。张维迎（1996）在解释专用性投资时，将专用性投资认为是对契约方关系的一种提前锁定，因为专用性资产投入后,契约方会为了合作效用最大化而订立契约条款并选择自我履约,这会对其他交易方形成很强的约束。克莱因(1983)在不完全契约的履约机制研究中,提出惩罚和激励是给潜在的违约者一个"溢价/贴水",因为违约方在考虑违约时必然会将契约中对违约方的惩罚与守约获得额外的收益进行对比,一旦守约的收益小,或者违约的潜在收益过大,契约不能履约的情况就会出现。激励机制就是增加履约所获得的收益,只要激励机制带来的收益超过违约获得的收益,这种溢价机制就可以保障契约方选择履约。在现实市场中,重复交易的存在可以通过长期效应促进契约的自我实施。威尔森(1982)解释了当存在多次交易时,契约方的履约行为可以为自己建立起声誉,从而获得长期的收益,这会促进契约的自我实施。科尔曼(1988)认为社会规范、社会网络、信任等社会资本是一种制度安排,体现了责任、规范、约束等,它们对契约的自我实施都能发挥作用。市场经济离不开契约精神,契约的自我履约机制被广泛地应用于各个经济领域。

本书在不完全契约理论视角下的实证研究,以循环型农业产业相关主体为研究对象,假设产业主体之间因为交易关系形成的契约是不完全的,以废弃物资源化利用形成的循环型农业产业链将政府、养殖业企业、种植业企业和农业服务业企业联系起来,在各方的交易和契约达成过程中,探析相关主体的决策行为是如何实现契约的履约,并通过对契约的不完全性分析,找出循环型农业产业运行的契约履约机制。

(二) 交易费用理论

交易费用（transaction cost）理论的核心思想是将交易作为基本分析单位，将每次交易视作一份契约。新制度经济学认为契约的根本目的是对交易费用的节约。科斯（1937）指出交易费用是围绕契约的签订和实施过程而产生的，包括进行谈判、讨价还价、拟定契约、实施监督来保障契约的条款得以按要求履行等多种费用。它是"利用价格机制的费用"或"利用市场的交换手段进行交易的费用"，而企业的存在就是为了节约交易费用。威廉姆森（1985）阐述的交易费用包括事前的交易费用和事后的交易费用，事前的交易费用指"草拟合同、就合同内容进行谈判以及确保合同得以履行所付出的成本"，事后的交易费用指"解决契约本身存在的问题时从改变条款到退出契约花费的成本"。Dalman（1979）则尤其关注交易费用对制度的影响。交易费用是经济制度的运行费用（Arrow，1974）。威廉姆森（2002）将有限理性、资产专用性和机会主义定义为交易费用理论最重要的三个概念，由于人的有限理性，人们在交易时不可能预见未来的各种或然状况，每次交易的契约天然是不完全的；资产专用性在一定程度上锁定了契约方的关系，专用性投资越大，获得的准租金越高；由于缔约各方不可避免会出现机会主义倾向，他们都会采取各种策略来谋取利益。当契约出现危及缔约关系持续性的情况时，加上交易涉及的资产具有专用性，就需要寻求一种最优的治理结构来最大限度节约交易费用，故亦将交易费用经济学称为"分离的结构选择分析"（analysis of discrete structural alternatives）或者"比较经济制度分析"。在威廉姆森（1985）看来，选择治理结构的原则是：简单的交易匹配简单的治理结构，复杂的交易匹配复杂的治理结构，使得生产成本和交易费用总和最小化。他还分析了市场、混合形式（hybird）和科层（hierarchy）三种治理结构在激励密度（incentive intensity）、适应性（adaptation）、契约法（contract law）、行政控制和官僚成本五个维度上的差别，并用产权、契约法、声誉效应和不确定性四个参数代表制度环境，考察了制度环境与治理结构之间的比较静态关系。因此，交易费用在任何一种经济模式发展中都具有重要作用，它是农业循环经济管理中的重要参考指标。

  交易费用理论在经济学领域的应用与实践中更多地表现为通过测度交易费用来解读经济活动。诺思（1994）采用绝对量将经济部门分为交易部门和转化部门，交易费用则为两部门交易费用的总和。其中，交易部门的交易费用以该部门所利用的资源的总价值计算，转化部门的交易费用以该部门从事交易服务的职员人数和薪水的乘积来计算，他以此计算了美国经济中交易费用占资源耗费总额的比重。Royer（2011）对牛奶市场的交易费用进行了测度，对比了市场与合约条件下信息、谈判、强化成本分别占交易费用的比重，展示了不同条件下交易费用构成的不同。威廉姆森（1985）提出采用序数比较的方式来测度交易费用，如通过把一种合同与另外一种合同进行比较来测度交易费用。张五常（1999）在研究产权交换对契约安排的依赖关系的同时，研究了交易费用对契约选择的制约关系，并指出原则上交易费用是可观察到的，但实际测量却存在困难。何一鸣和罗必良（2011）将产业特性作为一个约束条件，用"1－经济效率"来解释经济效率损失并代表交易费用，从而研究了中国农业经济发展变迁过程中的效率损失情况，并从专用性、风险性和规模性三个维度对交易费用进行了相关性分析。

总的来说，交易费用理论可以适用于任何经济模式，本书研究循环型农业产业，将交易费用理论作为一个重要的理论基础，在农业循环经济发展过程中采用经济效率损失来测度交易费用的变动，在对微观主体的交易费用测度中，关注事前和事后的交易费用，结合产业中各相关主体之间的契约不完全性和履约情况，探讨交易费用对产业主体之间契约缔结和契约履行的制约关系，并基于交易费用的变化探讨不同制度环境下治理结构的经济绩效。

（三）关于不完全契约与交易费用的研究

1. 关于不完全契约的研究

由于人的有限理性，契约天然是不完全的，这是不完全契约理论的核心。GHM模型是基于不完全契约理论提出的契约履约过程的一个分析模型。为了更有效地理解不完全契约理论，Hart和Moore（1990）在对企业是选择服务内部供给还是缔结外部供给的研究中发现，决定服务内部供给与缔结外部供给相对效率的条件在于：当不可签约的成本降低对质量造成较大的负面作用时，企业通常采取内部供给方式；相反，当成本降低到对质量的影响可被契约控制时，一般使用缔结外部供给。在会员合作制的契约研究中，Hart和Moore（1999）发现如果所有权与消费权没有绑定，则合作结构与外部所有权之间的区别就在于谁拥有剩余控制权；对外部所有权而言，剩余控制权一般属于所有者，外部所有者一般只对利润最大化感兴趣，由此可能会针对边际客户做出一些无效决策，相反，会员合作制实行集体控制，比较这两种所有权结构可以发现，外部所有权相对会员合作制更有效率。由于 GHM 模型被认为存在一些缺陷：一是过于强调事前投资在企业一体化过程中的作用；二是对事后效率的假设也存在一些不能解释的问题，尤其是不适用于所有权与经营权分离的企业。Hart 和 Moore（2010）构建了一个为交易关系提供参照点的契约模型，认为契约为契约双方的交易关系提供了参照点，并通过美国上市公司数据检验发现，在标准假设下，灵活性契约对刚性契约具有支配作用。此外，Hart 和 Holmstrom（2010）还提出了非正式契约可以降低刚性和灵活性之间的平衡性，修订非正式契约和签订展期契约等有利于维持长久的交易关系。不完全契约理论结合 GHM 模型被广泛应用于企业组织理论、监管、规制设计和公司经营等领域，为研究企业资本结构和融资行为等提供了新的视角；也被应用于国际贸易中，如存在要素禀赋差异等的垄断竞争一般均衡贸易模型中，用以解释企业国际外包和 FDI 等决策行为（聂辉华，2017）。

作为一种市场机制，不完全契约的自我履约机制包括资产的专用性、惩罚、激励、声誉和社会资本等（威廉姆森，2011）。威廉姆森（2011）认为资产专用性是"在不牺牲生产价值的条件下，资产可用于不同用途和由不同使用者利用的程度"，专用性投资越多，可获得的准租金就越高，机会主义行为就越有可能出现并导致契约方选择长期契约。张维迎（1996）分析了专用性对投资的影响，认为专用性投资在一定程度上锁定了契约方的关系。不完全契约的自我履约机制可以通过将惩罚条款施加到违约者身上从而促使其履约，即违约的潜在损失与潜在收益相比的正区间将成为契约关系的自我履约范围。激励是惩罚的对立面，激励机制在不完全契约中就是提高潜在违约者履约所能获得的溢价收益（杨宏力，2012）。声誉可以通过长期效应促进不完全契约的自我实施。当进行一次性交易时，理性的契约方可能会为了追求利益最大化采取机会主义行为而导致"非合作博弈均衡"；而在多次重复交易的条件下，契约方会为了获得长期的收益而履约以建立自己的声誉（倪娟，2016）。社会资本通过横向效应来影响不完全契约的自我实施，社会资本包括社会规范、信任、社会网络等，其作为一种有效约束能限制或鼓励某些行为（蒋士成、费方域，2008）。在GHM模型基础上，学者们对契约自我实施的内涵、条件和作用机制等关键问题展开了卓有成效的后续研究（尹希果、马大来，2012；米运生等，2015；倪娟，2016；周慧光，2016）。

不完全契约的自我履约机制被学者运用到各个领域，包括审计、会计、公司治理、金融、政治制度设计等。徐忠爱（2009）研究了"公司+农户"的自我履约机制，从关系型产权的视角出发，提出提高订单农业的履约效率需要以产权属性界定的合理程度及契约的可自我履约行为为前提。尹希果、马大来（2012）将不完全契约的自我履约范围的思想引入订单农业，设计出可以降低订单农业违约率的期权式契约。张春勋等（2013）构建了农户与龙头企业具有事后谈判能力的平稳关系型契约模型，龙头企业承诺向农户支付的数额与农户事前事后保留效用之间的对比关系决定了最优的激励计划。经济学家们采用了多种方法和工具对不完全契约进行研究，包括行为经济学、实验经济学、仿真模拟和神经元等，也有经典的博弈分析等。王君美等（2020）通过建立博弈模型分析了不完全信息下技术授权契约的不同模式对社会福利水平的影响。王永贵等（2020）从不完全契约利用的角度研究了产品定制化战略对企业的跨国渠道经营绩效的影响，认为产品定制化战略对企业的跨国渠道经营更有利。

2. 不完全契约与交易费用的研究

科斯（1937）在《企业的性质》中提出交易费用是使用价格机制所产生的成本。从经济运行的角度来看，交易费用是发生在一切经济系统内的摩擦成本，被认为会阻碍交易规模和生产规模的扩大（Arrow, 1969；威廉姆森，1986）。张五常（1991）指出交易费用是一切不发生在生产过程中的损耗。汪丁丁（1995）认为交易费用是协调人们分工时产生的分歧而消耗的资源价值。巴泽尔（2008）指出交易费用是指在转移、获取和保护产权过程中发生的费用。弗鲁博顿等（2012）从演化视角指出交易费用是源自建立、使用、维持和改变法律或权利意义上的制度所涉及的费用。从宏观经济角度，广义的交易费用就是经济制度运行的费用（王耀光，2013）。经济学家们同样从微观层面围绕产权交换、企业经营等角度来定义了交易费用是交换产权的成本，是被用于确定和维护财产权利的资源，或拥有和使用资源的成本，或测量正在用于交换的有价值属性的成本及监督和履行协议的成本等（Allen，1991；North，1990；Webster，2003）。威廉姆森（2007）将交易费用用于分析经济组织时将其分为事前交易费用和事后交易费用两个部分，包括事前协议的起草、谈判的费用、事后的讨价还价、保障协议执行所需要的费用等。有学者指出，交易费用可以被看作自我权利保护的安全措施，是两个或以上成功达成合作的伙伴之间的一个消极成本因素（王耀光，2013）。独立于经济组织的特定模式的交易成本可以被定义为技术交易费用。综上所述，经济学家基于不同的理论视角，或根据交易费用性质或根据作用差异对交易费用进行阐述，整体上丰富了交易费用理论的内容。

经济人、企业组织和制度等不同层面的信息不对称、有限理性、机会主义、不确定性等导致了交易费用的发生，交易费用是对不完全契约理论的一种补充。西蒙（1955）提出，有限理性即"受到限制的理性思考"，是交易费用产生的重要前提和假设，他强调，信息的不完全性增加了经济人理性的有限性和不确定性。威廉姆森（1985）以时间为依据，将所有的经济活动都视为一种交易，以此将信息不对称分为了事前不对称和事后不对称，并提出了机会主义。从交易参与人的层面来看，交易费用产生的前提是机会主义和信息不完全。而产权的转让、保护和获取所需要的成本被定义为交易费用，也就是说获取关于资产专用性和潜在的有用信息是有成本的，因此，信息成本是交易费用的一个重要来源。威廉姆森（2002）认为交易的实质是契约，并提出了"资产专用性、不确定性和交易频率"是交易的影响因素。学界从企业组织层面对交易费用的研究,包括外部性、市场失灵等,进一步引起了信息不对称、不确定性、不完全契约、第三方实施限制等因素对交易费用影响的相关研究(威廉姆森,2007)。在诺思、威廉姆森的研究中都多次提到制度的相关性和嵌入性,他们认为交易费用是在一定治理结构下产生的。诺思(2008)提出交易费用规模和交易费用类型取决于制度环境,制度和技术共同决定交易费用的水平。在非正式制度层面,不同文化背景下签订合同的效率不同的原因在于信任度差异,在信任度高的社会中,企业的运营成本是低的。

交易费用是经济绩效的一个决定性因素,交易费用的测量具有重要作用。张五常(1999)从制度经济学的角度去观察,认为交易费用是巨大的,且广泛限制交易、产出和经济增长。学界将交易费用分为市场型、管理型和政治型交易费用三大类(Furubotn E G、Pejovich S,1972),也有将交易费用分为与市场交易相关的制度费用、维持市场发展的相关制度费用和制度变动的费用三大部分。这两种分类方式都将宏观市场制度的变迁和微观企业组织的变化联系在一起。但交易费用并不容易准确测度。在宏观层面,因为正式制度和非正式制度共同影响着交易费用,所以解释交易费用的变量是广泛的,这为交易费用的测量带来了明显的障碍(王耀光,2013)。从企业和市场关系角度,学者通常测量一定制度环境约束下某个经济体交易费用的总量,并将其作为交易费用。张五常(1999)采取了比较分析法,没有对交易费用本身进行测量,而是对产权安排、制度安排和合同选择的相对效率进行比较,从而证明制度与经济发展的关系。从企业角度而言，交易费用对组织结构和组织运行机制产生影响。经济学家们研究了交易费用与 GDP 的关系，发现在较发达的国家，交易费用占比更高（Furubotn and Richter，1991）。卢现祥（2006）提出宏观层面交易费用的总和并不等于微观组织交易费用的总量，宏观交易费用的增长是追求劳动分工和专业化而导致的，交易费用与市场规模正相关，但微观层面单个企业的交易费用与市场规模应负相关（王耀光，2013）。Jia Ling 等（2021）从交易成本的角度定义了建筑业的风险和风险原因，指出信息成本是最大的交易成本。

综上所述，不完全契约和交易费用作为影响微观经济组织的市场经济表现的重要因素，相关研究内容非常丰富。在实践领域，学者们广泛通过研究契约和交易费用来解释经济行为的变化和对经济行为的结果进行预判。不完全契约和交易费用的研究在微观组织、宏观层面等都已经形成了比较丰富的研究理论和研究方法。

（四）制度供给与制度变迁

根据制度经济学的观点，每个行为人都是理性的，但他们会在给定的约束条件下追求自身利益最大化，这种约束条件从广义上来说就是行为人共同遵守的规则，即制度。所以制度是被制定出来的规则，而制定者就是制度供给的主体，它必然是社会的权力机构。因此，社会权力机构针对不同的利益主体在不同的环境下设定不同的规则，这就是制度供给，也称制度安排（杨瑞龙，1993）。制度供给研究的重心通常是考察组织和推进改革的权力中心在现有的法律秩序和行为规范下的制度供给能力，即如何根据环境变化制定新的规则,以及新的制度安排对资源配置效率等会产生什么影响。因此,制度供给也包括需求诱致型和供给主导型(林毅夫,1989)。

以《资本论》为代表的理论研究成果在制度变迁方面主要是提出社会制度的一般规律和制度变革的方向。早期的制度经济学以凡勃伦和康芒斯为代表,主要从社会发展角度分析制度变革与经济社会发展的关系。新制度经济学以科斯、诺思、威廉姆森等为代表,关于制度变迁的理论主要来源于诺思的《制度、制度变迁和经济绩效》一书。根据康芒斯、舒尔茨、诺思等的理论,制度归根结底是约束和规范个人行为的一系列行为准则或规则,由此制度应该是涵盖国家、市场和企业不同层面的。制度对于经济运行的绩效是至关重要的,这是新制度经济学的核心思想;交易费用、产权和合约关系构成新制度经济学的基本要素(弗鲁博顿等,2012)。新制度经济学在研究经济组织制度时,包含了稳定性偏好、理性选择模型和均衡分析方法等基本要素,并引入了新的变量如信息、交易成本、产权约束和政府行为干预等,这形成了新制度经济学的方法论。

制度变迁从概念上指的是制度的修正、完善、更新等,是制度在实践中由效率更高的一种新制度取代旧的制度的过程。从本质上来讲,制度变迁是一种帕累托改进。诺思将制度划分成了正式制度、非正式制度和运行机制三个种类。在诺思的定义中,制度是社会成员博弈的规则,其通过减少不确定性实现有效的经济活动,因此制度变迁的主要原因就包含节约交易费用、降低制度成本、提高制度效益。舒尔茨最早开展制度的需求与供给分析，制度均衡的概念也由此被引入到制度变迁理论中，"产生人力资本的制度、作为技术变迁来源的制度……视为经济领域里一个变量，是对经济增长的反映"。引起制度变迁的因素主要包括"要素和产品价格的变动、技术进步、市场规模、偏好和偶然事件等"（袁庆明，2011）。林毅夫（1994）从制度结构的角度还提出了引起制度变迁的因素包括其他制度安排的变迁，因为制度安排是相互依存的。诺思探讨了不同种类的制度变迁路径，其中交易成本是一种重要的制度变迁路径。制度变迁的方式根据主体的不同有不同的分类，以正式制度为例，就包括强制性制度变迁和诱致性制度变迁、渐进式制度变迁和激进式制度变迁、局部制度变迁和整体制度变迁等。

制度变迁理论的根本是将制度因素纳入对经济增长的解释中。诺思的一个贡献是将制度变迁理论与国家理论联系起来，探讨了制度对经济绩效的影响。制度的供给其实主要是为了实现人们的预期收益。由于人的有限理性和环境变化的不确定性，必然存在制度供给不能满足人的需求的情况，制度出现不均衡状态就会发生制度变迁。有效的制度变迁是经济增长的决定性因素。根据诺思的观点，制度安排通过提高生产效率和完善要素市场从而促进经济组织的发展进而带来经济增长。

循环型农业产业的发展与我国循环经济政策和农业产业发展制度等密切相关。循环型农业产业，是基于满足农业经济绿色转型要求和解决农业环境污染等现实问题而产生的，其随着我国循环经济技术进步和政府对环境规制要求的变化而不断更新，归根结底是要解决农业污染的扩大与农业规模化发展之间的矛盾。因此，对循环型农业产业的制度绩效的检验还是要落脚到农业经济绩效的增长上来。

（五）关于制度供给、变迁与制度绩效的研究

诺思（2008）认为，制度是一系列制定出来的规则，是服从程序和道德、伦理的行为规范，它旨在约束主体追求福利或效用最大化的行为。制度既是契约的核心内容，又是契约的外在表现。制度有效性问题是制度理论的核心问题（冯务中，2005）。任何制度都是为了适应某种需要而设立的，它也需要成本，同时给人们带来效用和收益。因此，制度绩效指的是制度实施过程中产生的效用、效果和作用等。刘易斯（1996）在《经济增长理论》中指出，一种有效制度的效力在经济学层面上应该表现为规范约束、激励和降低交易成本三个方面。学术界对制度的概念内涵已经有了非常丰富的研究成果。

在传统的经济学研究框架中，经济制度总是被作为一个外生变量，无论是哈罗德和多马的H-D模型，还是索洛的新古典增长模型，制度都是被视为外在因素，经济增长的因素更多被认为集中在人力资源、自然资源、资本和技术等方面。制度经济学派是把制度因素作为一个内生变量来对待，强调制度对经济发展的重要性。以科斯和诺思等为代表的新制度经济学派主要通过研究包括企业组织、市场组织等在内的"生产制度结构"，建立了以产权和交易成本为主要内容的制度分析理论。王晓冬（2010）从制度经济学的视角分析了国外循环经济的发展经验，探讨了美国、日本、德国的循环经济制度安排，认为有效的制度供给包含政府行为、市场机制和公众参与三者共同形成的动力机制，正式制度方面有作为约束机制的法律体系和作为激励机制的政策体系，非正式制度方面有政府、非政府组织与民众共同形成的全社会意识。龚一萍（2011）在研究经济发展的模型中，提出作为经济发展的主要因素之一，一个好的制度能产生一套有效的约束与激励机制，为经济发展提供良好的环境和动力。霍博翔（2021）研究制度、经济政策与经济绩效的关系时提出，好的制度有利于提高经济绩效，经济政策只有在大的制度框架下才能发挥作用并影响政策效果，只有与社会制度相匹配的经济政策才能提高经济效率，经济政策的调整可促进经济的持久繁荣。制度绩效成为常用的制度评价指标，并通常通过经济绩效表现出来。

新制度经济学认为，一项制度的经济绩效取决于它的制度安排、制度结构、制度环境和制度创新等，故而一种能降低交易费用的制度安排具有重要意义（阿兰·斯密德，2004）。陈一远（2016）在研究制度的有效性时指出制度的内在有效性主要指法的效力，制度的外在有效性主要指制度的实效性，可以通过定性和定量两个层面对其加以分析。法的效力需要更多地从法学和政治学的角度予以解释，即法律规范的应然约束力（李小萍，2009）。将实效性等同于效果、效率、实效、绩效等概念是研究制度有效性问题的代表性做法。从定性的视角来看，制度绩效是指制度能够达成目标、发挥作用和解决问题。排除法律效力范畴，制度能够解决问题还需要依赖"价值评判"和"实践评判"。李小萍（2010）提出"一部法律只有使价值最大化，它才是有效的"，"制定有效回应问题的制度是保障制度有效性的基础"（俞可平，2002）。人们总是最关心与自己利益相关的事情尤其是公共事务。因此一个对相关利益或现实问题给出了明确的解决方案的制度必然会引起相关主体的关注。制度实践评判需要考虑制度的有效成分与无效成分或高效部分与低效部分等，制度实效还依赖于制度实施者的执行情况和制度遵从者背后的考量等。从定量的视角来看，制度绩效要能从成本效益的角度考量制度绩效的高低。

科斯定理清晰地说明了交易费用与制度绩效的关系，当交易费用为零且允许自由交易时，财产法定所有权的配置不会影响经济运行的效率；当交易费用为正时，产权的初始界定会对经济制度运行的效率产生影响，权利的一种安排会比其他安排产生更多的产值；如果存在交易费用，没有产权的界定、监督等规则，产权的交易与经济效率的改进就难以实现（高鸿业，1991；卢宪祥，2007）。何一鸣和罗必良（2010）在研究中国农业经济体制转轨问题时，构建了一个"产权管制结构－体制选择行为－经济制度绩效"的新 SCP 理论范式，采用 1958～2005 年的中国农业经济数据，运用数据包络分析方法，使用效率损失作为测量指标来比较制度变迁与经济绩效即农业总产值关系的变化，证实了中国农业经济制度变迁实质上是国家对农业资源产权管制放松的过程，而产权管制放松是农业经济制度绩效提高的动力。冀县卿（2010）在研究中国农地产权制度变迁问题时，从激励效应、配置效应、稳定性效应和完整性效应四个方面对制度效应进行了分析，认为制度界定了不同的权利，权利界定在结构上越完整，制度绩效也就越高；反之，产权不明往往导致低效率。蔡长昆（2016）在对公共服务市场化的案例研究中构建了"环境条件-制度安排-制度绩效"的分析框架，从政治制度环境和社会资本两个维度对制度环境进行界定，在交易成本经济学的基础上对制度环境影响制度绩效的机制进行了阐述，认为权利开放程度越高、产权体系越完备、结构性社会资本和认知性社会资本越丰富，制度绩效就越高。陈一远（2016）进一步提出，对制度绩效的评估不仅要关注制度的短期绩效，还应当考量长期绩效和综合绩效。孙丹等（2021）在研究农地制度变迁时通过构建一个动态演化博弈模型提出了价值、习俗、村规三个层次的非正式制度对制度变迁的影响。

由此可见，在理论界和实践领域对制度供给和制度绩效的研究都相当丰富，针对制度的界定不同，研究方法也各异。新制度经济学也成为研究制度和制度绩效常用的理论基础，其能从具体制度层面更加客观地阐释制度理论。

三 循环经济理论

"循环经济"一词，最早在1966年由美国经济学家Barbara Ward和Kenneth Boulding在"宇宙飞船地球"比喻中提出。他们认为全世界经济活动的开展，不可避免地伴随着资源损耗和对生态环境的破坏。之后Rachel Carson的《寂静的春天》、"增长极限"论以及1987年世界环境与发展委员会的报告《我们共同的未来》中，也都或多或少融入了循环经济的理念。吴季松（2005）将循环经济定义为"在社会经济、科学技术和自然生态的大系统内，在资源投入、企业生产、产品消费及其废弃的全过程，不断提高资源的利用效率，把传统的、依赖资源净消耗的线性增加的发展，转变为依靠生态型资源循环的发展，从而维系和修复生态系统的经济"。循环经济与线性经济相对，其以物质资源的循环使用为特征，这逐渐成为当前理论界对循环经济的主要定义。随后出现的"资源－产品－污染"的循环经济概念框架，以及3R（减少、再利用、再循环）和6R（再利用、再循环、重新设计、再制造、减少、恢复）等循环经济理念，进一步充实了循环经济的概念内涵（MacArthur Ellen，2013）。

循环经济的理念来源于自然生态系统长期的净化过程，从结构上划分为"生产者"、"消费者"和"分解者"三个有机部分。在传统的工业社会中，绝大多数经济模式都属于线性经济，即从自然资源、产品加工、产品消费到废弃物排放，从而引发严重的环境污染和生态退化（张凯，2003）。自然生态系统中能量和物质流动有两个基本特征：①物质的流动在任何情况下不存在减少，只有反复循环与再循环；②能量的流动是一种单项流失，不是一种循环。这是循环经济的生态学原理（解振华，2003）。

循环经济本质上就是生态经济，其运用生态学规律来指导人类社会的经济活动。环境问题的经济本质体现在以下三个方面：①是资源和能源浪费的结果；②是对环境自我净化能力的过度利用；③是社会施加的"外部不经济性"。循环经济从经济学的角度来讲，就是要从经济增长和社会发展的角度解决资源浪费和实现可持续发展（解振华，2003；许兰菊，2015）。农业循环经济则是实现农业产业在资源投入、企业生产和产品消费及产品废弃的全过程中的资源循环。

新制度经济学理论与应用实践研究内容丰富且研究方法成熟。循环型农业产业是随着循环经济思想在农业领域的应用而逐渐形成的一个新的产业部门，同时又与原来的农业产业相融合。从产业发展的视角去研究循环型农业产业，从新制度经济学丰富的理论内容中寻求合适的理论视角去探析循环型农业产业发展，有待学术界进行更多的尝试。循环型农业产业的发展更需要从新制度经济学的理论视角去开展多维研究，为产业发展进一步提供理论和实践支持。

第二节 理论分析框架

新制度经济学的兴起促进了学者们对于政府行为的研究，而中国特色社会主义经济制度的发展和完善，带来的中国特色社会主义治理体系的完善和治理能力的提升，使得制度理论在中国的发展与应用成为研究热点。政府行为是一切制度存在的前提，也是制度分析的重点，这在科斯和诺思的理论中均有体现。我国政府在经济发展中扮演着重要角色，既是经济的管理者，又是市场行为的影响者和参与者。在我国市场经济不断完善的过程中，政府在农业循环经济的发展进程中起着非常重要的作用。将制度作为一种契约关系纳入到循环型农业产业中来，运用经济模型分析地方政府和经济主体之间的博弈策略，对推动农业循环经济发展的政府行为、制度绩效等开展的相关研究还相对缺乏。

随着我国环境规制的进一步趋紧，应从宏观和微观层面进行研究，为新常态和绿色发展等要求下我国农业循环经济发展提供更多层次和更扎实的理论依据。本书将政府作为一个主体融入到循环型农业产业中，从新制度经济学的视角去分析循环型农业产业中不完全契约与交易费用如何影响政府、养殖业企业和种植业企业、农业服务业企业等主体之间的相互关系和经济行为；选用演化博弈方法来研究循环型农业产业中的不完全契约，以此来解析循环型农业产业中不同契约方的契约履约机制；通过宏观层面交易费用的测度来解释农业循环经济制度约束下交易费用对循环型农业产业的影响，以及在微观主体处于不完全契约的市场条件下交易费用的变动对经济绩效的影响，从而对循环型农业产业发展提出对策建议；从制度理论的视角探析政府在农业循环经济发展中如何运用制度和政策等工具去影响经济活动，从而构建一个循环型农业产业的新制度经济学分析框架。

区别于传统农业经济，农业循环经济将循环经济的理念应用到农业经济中，以农业生产废弃物的资源化再利用为主，以废弃物的产生、收集、加工、资源化产品使用为产业链将产业主体串联起来形成的新的农业产业。在中国特色社会主义市场经济体制下，政府对农业循环经济的发展发挥了很好的制度引导和推动作用，是循环型农业产业链上的重要一环。政府的职责范围在于制定有利于农业循环经济建立和发展的游戏规则——法律、法规和政策制度，并加以监督，对不符合循环经济发展的行为进行监管，利用行政手段保证各种规划的实施；运用经济激励等来推动农业循环经济的顺利发展；从宏观角度对系统内部进行协调，最大限度释放企业、市场、社会以及个人的内在潜力，有效促进各类资源的最优化配置，在促进结构优化和转变经济发展方式方面发挥重要作用。

政府作为农业循环经济制度的供给主体，通过项目制等方式与生产主体建立契约关系，市场经济主体之间则通过废弃物的资源化生产过程建立契约关系。无论是政府还是企业，参与农业循环经济的行为都会受到多方面不确定因素的影响和制约。所有行为主体都是农业循环经济运行过程中的实践者、受益者，也是相关义务的履行者，这些行为主体的选择和偏好将对农业循环经济的推进和发展产生重要的影响。研究循环型农业产业发展就需要厘清各主体之间的相互关系，如图3所示。

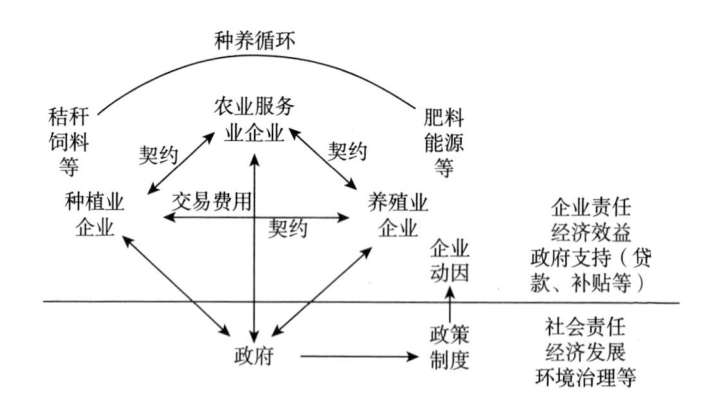

图3 循环型农业产业中主体之间的相互关系

由图3可知，不完全契约贯穿循环型农业产业全过程，而探讨循环型农业产业中不完全契约、交易费用和制度绩效对产业发展的影响构成了本书的主要研究内容。本书探讨了循环型农业产业内契约不完全性的成因，结合GHM模型分析了不完全契约的履约机制，以及不完全契约履约的影响因素，采用动态演化博弈对契约方的不完全契约履约进行了实证分析。

交易费用是经济活动的重要指标，本书从资产专用性、规模性和风险性三个方面测度循环型农业产业中交易费用与经济绩效的相关性。

制度绩效是检验制度约束力和经济绩效的重要指标，本书梳理了农业循环经济的制度供给、制度变迁过程，并运用SBM-DEA模型通过计算农业经济效率损失值，对政府的农业循环经济制度的制度绩效进行了实证研究。

综上所述，本书围绕循环型农业产业展开研究，运用产业组织理论的R-SCP范式，从制度供给、主体行为和制度绩效的范畴，结合新制度经济学关于不完全契约理论、交易费用理论和制度变迁理论的相关内容，研究了循环型农业产业中市场微观主体的不完全契约履约机制、交易费用影响因素和政府制度供给绩效；并通过实证研究考察不完全契约、交易费用和制度绩效对循环型农业产业效益的影响机理，从而探索循环型农业产业发展的有效路径。

第三章　中国循环型农业产业发展：经验实证与特征

习近平总书记在党的二十大报告中指出："加快建设农业强国，扎实推动乡村产业、人才、文化、生态、组织振兴。"这是我们党第一次郑重提出建设农业强国，必将对推动农业现代化建设产生重大影响。农业现代化是我国农业发展的一个重要目标，农业现代化的主要抓手是"构建现代农业产业体系、生产体系和经营体系的三大体系"（韩长赋，2016）。本章分别从农业产业整体、种植业、畜牧业和农业服务业层面分析产业现状，考察农业产业发展特征、问题和参与循环型农业生产所面临的资源环境约束等情况，从产业概况和制度变迁的角度去了解我国循环型农业产业发展的经验实证与特征。

第一节　中国农业产业的发展现状

作为农业大国，农业在我国国民经济中占有极为重要的位置。改革开放以来，我国农业经济增长明显加速，国家统计局公布的数据显示，2019 年，我国农林牧渔业总产值达 123967.94 亿元，其中农业总产值约 66066.45 亿元，占农林牧渔业总产值的 53.29%；畜牧业总产值约为 33064.35 亿元，占农林牧渔业总产值的 26.67%；增速最快的农林牧渔业专业及辅助性活动（亦称农业服务业）产值约达 6489.03

亿元，占农林牧渔业总产值的 5.23%（见表 1）。2001~2019 年，中国农林牧渔业总产值总体保持平稳增长（见图 1）。

表 1　2019 年农业各产业在农业经济中的产值和比重情况

单位：亿元，%

指标	数值	比重
农林牧渔业总产值	123967.94	
农业总产值	66066.45	53.29
林业总产值	5775.71	4.66
畜牧业总产值	33064.35	26.67
渔业总产值	12572.4	10.14
农林牧渔专业及辅助性活动产值	6489.03	5.23

注：2003 年起执行《国民经济行业分类》(GB/T 4754—2002)，农林牧渔业总产值包括农林牧渔服务业产值；2012 年起执行《国民经济行业分类》(GB/T 4754—2011)；2017 年 10 月 1 日起实施《国民经济行业分类》(GB/T 4754—2017)。

数据来源：根据国家统计局公布的数据整理得到。

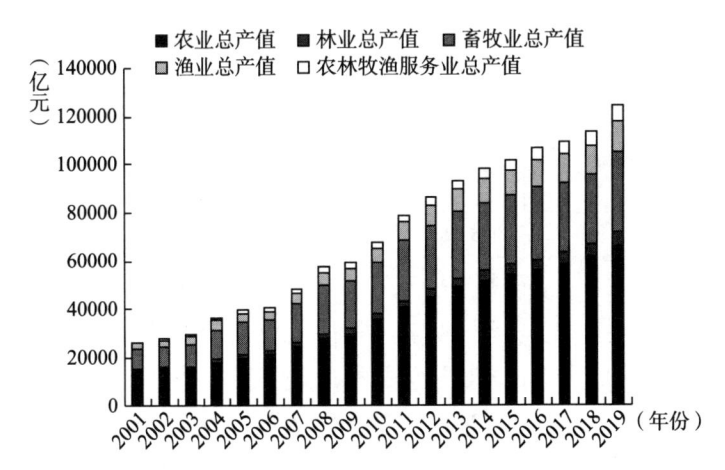

图 1　2001~2019 年中国农业各产业产值变动一览

数据来源：根据国家统计局公布的数据整理得到。

如表2所示，2011~2019年中国农产品进出口总额总体保持增长态势。2019年中国农产品进出口总额为2300.68亿美元，同比增长5.7%。其中，农产品出口额为790.98亿美元，同比减少1.7%；农产品进口额为1509.7亿美元，增长10.0%；贸易逆差718.72亿美元，增加26.5%。表3列出了2019年中国主要农产品的进出口情况。

表2 2011~2019年中国农产品进出口额

单位：亿美元

年份	出口额	进口额	年份	出口额	进口额
2011	607.51	948.72	2016	729.86	1115.69
2012	632.89	1124.79	2017	755.32	1258.56
2013	678.25	1188.67	2018	804.48	1372.6
2014	719.6	1225.38	2019	790.98	1509.7
2015	706.82	1168.81	—	—	—

数据来源：海关总署。

表3 2019年中国主要农产品进出口情况

单位：万吨，%

产品	进出口总量	出口量	占农产品出口总量的比重	进口量	占农产品进口总量的比重
谷物	2115.38	323.6	7.4	1791.78	9.95
--稻米	529.33	274.76	6.28	254.57	1.41
--玉米	481.95	2.61	0.06	479.34	2.66
--小麦	380.11	31.32	0.72	348.79	1.94
畜产品	1255.11	129.02	2.95	1126.09	6.26
--生猪产品	333.98	21.19	0.48	312.79	1.74
水产品	1041.4	417.49	9.54	623.91	3.47

续表

产品	进出口总量	出口量	占农产品出口总量的比重	进口量	占农产品进口总量的比重
棉花	199.16	5.45	0.12	193.71	1.08
食糖	357.57	18.56	0.42	339.01	1.88
食用油籽	9446.77	115.96	2.65	9330.81	51.84
--大豆	8862.83	11.71	0.27	8851.12	49.17
蔬菜	1213.36	1163.19	26.59	50.17	0.28
水果	1221.44	492.1	11.25	729.34	4.05

数据来源：海关总署。

2019年我国谷物进口量为1791.78万吨，同比减少12.6%；出口量为323.6万吨，同比增加26.8%；净进口1468.18万吨，同比减少18.2%。其中小麦和玉米进口量持续增长，2019年小麦进口348.79万吨，同比增加12.5%；玉米进口479.34万吨，同比增加36.0%。2019年食用油籽累计进口9330.81万吨，同比减少1.3%；出口115.96万吨，同比减少3.0%；贸易逆差367.1亿美元，缩小8.3%。其中，大豆进口8851.12万吨，同比增加0.6%。

我国农业整体的稳定增长得益于农业科技的不断进步。数据显示，2019年我国农业科技进步贡献率达到59.2%，高于2018年的57.5%，全国农作物耕种收综合机械化率超过70%，主要农作物自主选育品种提高到95%以上。[①] 农业经济的增长还得益于农业物资投入的增长，

---

① 《2019年我国农业科技进步贡献率达到59.2%》，中华人民共和国中央人民政府网，https://www.gov.cn/xinwen/2020-01/26/content_5472249.htm，2020年1月26日。

包括大力开展的农田水利基础设施建设与农业机械化建设，此外化肥、农药、农电等农用物资的投入，极大提高了我国农业的综合生产能力。改革开放以来，随着农业现代化的不断发展，我国农业经济正在经历着从传统的散户小规模的散种、散养模式，向集约化、规模化的现代种养殖模式的转型升级（郭晓鸣，2016）。这是我国近年来农业供给侧结构性改革不断深化取得的成果。科教兴农、农业绿色发展、生物种业、智慧农业等领域自主创新的力度加大，农业产地环境逐步得到改善，化肥减量增效行动初见成效，"藏粮于地、藏粮于技"的发展战略得到有力推进。

鉴于我国农业经济发展主要依赖农业和畜牧业（即种植业和养殖业）的共同发展，种植业和养殖业成为我国农业和农村经济中最主要的支柱产业和农民经济收入的主要来源之一，笔者针对性地对种植业和养殖业的发展状况进行了深入分析。

一　中国种植业发展现状

2018年我国种植业总产值达6.15万亿元，占当年农林牧渔业总产值的54.1%，种植业总产值保持增长。2004年以来，我国的粮食已经连续实现丰收，2019年全国粮食播种面积17.41亿亩，总产量66385万吨，同比增长0.9%，单产产量同比增长1.8%。[①]种植业总产值及占比情况如图2所示。

[①] 本节所用数据均来自国家统计局年度数据库，https://data.stats.gov.cn/easyquery.htm?cn=C01。

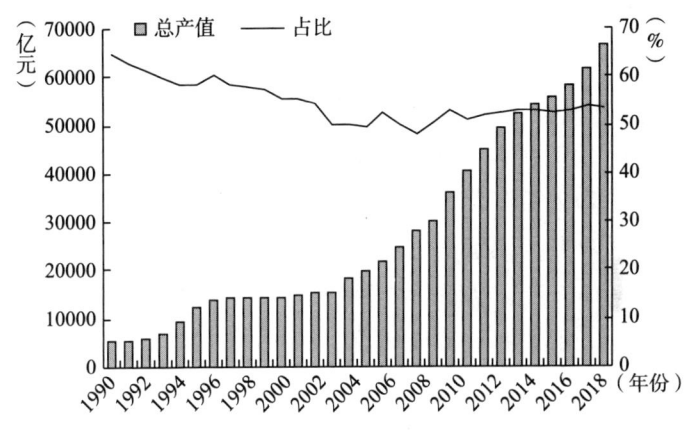

图 2　1990~2019 年种植业总产值及占比情况

在粮食产量稳步增加的同时，蔬菜产量保持增长态势，作为经济作物核心的水果的产量也呈现大幅增长趋势（见图3）。种植业整体产品结构的调整变化，不仅能满足人民群众多元化的消费需求，对稳定物价、稳定就业、稳定社会也起到了积极的作用。

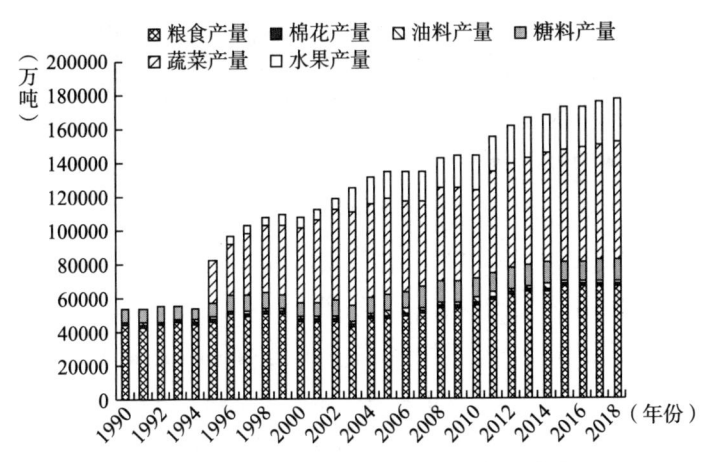

图 3　1990~2018 年种植业产品结构和产量

图 4 对比了我国农业资源的投入情况,包括有效灌溉面积、农用化肥施用量和农村用电量之间的差异。我国农用化肥施用量(折纯)自 1978 年的 884 万吨,持续增长到 2015 年的 6022.6 万吨并达到峰值,之后连续数年略有降低,2019 年降为 5403.6 万吨,比 2015 年降低了 10%,约为 2009 年同期水平,且当期有效灌溉面积比 2009 年增加了约 16%。这也证实农业农村部在开展化肥施用量零增长行动方面取得了一定的成效。

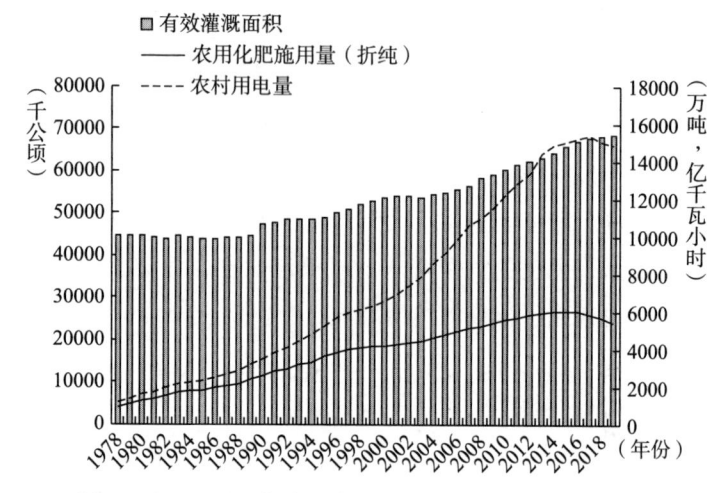

图 4 1978~2019 年农业有效灌溉面积、农用化肥施用量及农村用电量对比

农药使用量和农用塑料薄膜使用量也成为农业绿色生产中的两个重要衡量指标。如图 5 所示,我国农药使用量和农用塑料薄膜使用量与农用化肥施用量的变化有一定的同步性,也是在 2015 年左右开始出现下降。其中农药使用量下降明显,从 2014 年的 180 万吨下降到 2019 年的 139 万吨,降幅达 22.8%。推进农用塑料薄膜回收、推动加厚地膜应用、健全农用塑料薄膜回收网络体系的相关运动正在全国范围内开展试点工作。

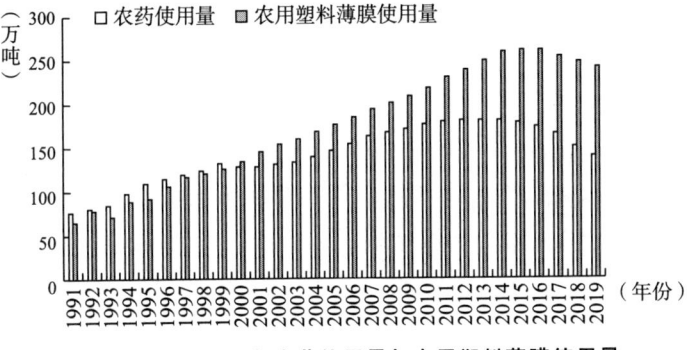

图5 1991~2019年农药使用量与农用塑料薄膜使用量

尽管农业种植业发展迅速,但当前我国种植业还存在着一些问题。一是,在种植业结构上还有优化的空间。小麦和水稻作为主粮,其供给尽管处于紧平衡状态,但能满足市场需求。而随着人民生活水平的提高,民众对肉蛋奶的需求进一步增加,这就加大了对饲料产品的需求,也大幅增加了对玉米、豆粕等主要饲料原材料的需求,但是国内玉米和大豆对进口的依存度依然偏高,因此在保证粮食稳定生产的基础上,合理调整种植业结构是我国种植业面临的主要问题之一。二是,随着农业种植业的持续发展,绿色高质量发展成为种植业发展的关键,在农药和化肥利用率提高的基础上,更要提高种植业质量效益和竞争力。当前我国种植业规模大,但利润低,且绿色生产水平参差不齐,部分地区由于不合理施用化肥和农药,进一步造成了土壤肥力的降低。因此,要进一步推进减量增效和绿色防控行动,促进农业种植业的持续、高效发展。

二 中国畜牧业发展现状

我国是世界上畜牧业发展最早的国家之一（王莉等，2017）。在中华人民共和国成立初期，国家优先发展粮食生产以解决当时人民群众的温饱问题，此时畜牧业处于补充地位，主要为粮食生产提供农业役畜和粪肥。改革开放以后，农业生产全面恢复，畜牧业逐渐发展起来。此后，随着粮食生产能力的持续提高和改革开放的深入推进，畜牧业保持良好的发展势头，逐渐成为我国农业的重要组成部分，和种植业并列成为我国农业的两大支柱产业。畜牧业的发展对满足人民消费需求、提高农民收入和促进农村发展都具有重要的作用。我国畜牧业经过改革开放后40余年的发展，现在已经发生了翻天覆地的变化并取得了巨大的成就。畜牧业综合生产能力稳步提升，2008年我国畜牧业总产值超过了2万亿元，2016年总产值超过3万亿元，占农林牧渔业总产值的比重超过25%（见图6）。

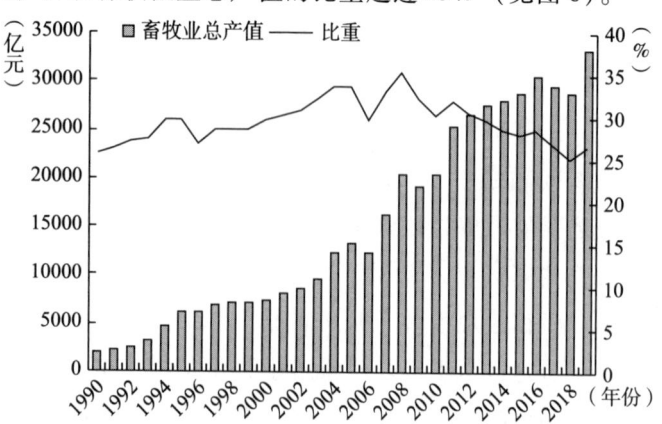

图6 1990~2019年畜牧业总产值及比重变化情况

伴随着畜牧业总产值的增加,产品结构也趋于合理。2018年我国肉类总产量达8624.63万吨,肉类的比重从1990年的70%下降到2018年的58%左右;牛奶的比重从1990年的不足10%增长到2018年的21%左右(见图7)。

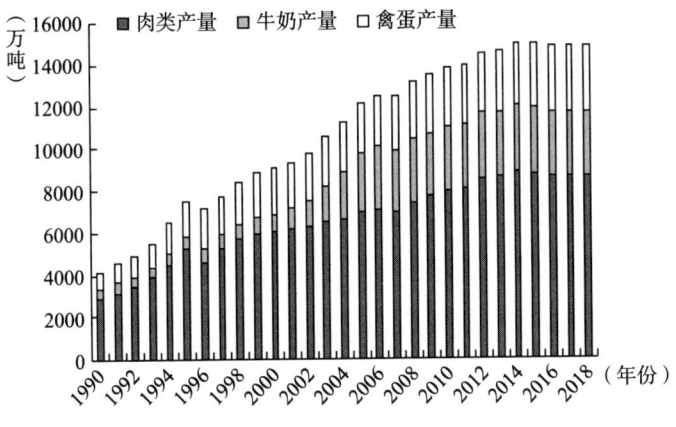

图7　1990~2018年肉、蛋、奶产量一览

自我国推进现代农业建设以来,政府高度重视农业产业化发展,通过各项惠农强农政策大力促进畜牧业的规模化发展。现代畜牧业正在从传统的粗放型养殖模式往规模化、现代化、标准化畜禽养殖模式转变,养殖水平得到了全面提升,养殖科技和装备水平也得到全面改善。据测算,截至2018年底,我国畜牧机械保有量达到780.95万台,我国六大主要畜种规模养殖装备保有量原值超过2585亿元,约占农业机械原值的27.5%。[①]

随着乡村振兴战略的实施,新技术、新管理和新资本

---

① 《张兴旺同志在全国畜牧业机械化现场会上的讲话》,中华人民共和国农业农村部网站,http://www.njhs.moa.gov.cn/nyjxhqk/201911/t20191128_6332485.htm,2019年11月25日。

等正在改变着中国畜牧业的发展方式,推动中国畜牧业快速走向现代化。以占肉类比重最大的生猪产业为例,生猪养殖从传统的散户散养模式转变为以规模化、公司化、产业化为主的养殖模式,涌现出了以产业链投资为主的养殖集团。国家统计局数据和相关公司公告显示,目前我国九大上市猪企(温氏股份、牧原股份、正邦科技、雏鹰农牧、天邦股份、天康生物、罗牛山、龙大肉食、金新农)2018年生猪出栏4476.3万头,占据了全年出栏生猪(69382万头)的6.45%,同比2017年4.9%的市场份额共计出栏3442.46万头生猪有较大提升,[①] 整个养殖行业正在向集团化和规模化的方向不断发展。

根据农业农村部的官方报告,我国畜牧业绿色发展已经破题。环境保护部2010年发布的《第一次全国污染源普查公报》显示,畜禽养殖业排放的化学需氧量和总氮分别占农业污染源主要水污染物排放总量的95.78%和37.89%,占全国的41.87%和21.67%。畜禽养殖业成为我国农业面源污染的主要来源之一,也成为农业环境污染的主要行业。畜禽养殖污染防治成为了农村生态环境保护和可持续发展战略的主要内容之一。2014年开始实施的《畜禽规模养殖污染防治条例》进一步鼓励和推进畜禽粪便的资源化利用,此后,各种农业循环经济模式被广泛应用于畜牧业。2020年生态环境部公布的《第二次全国污染源普查公报》显示,农业污染源中主要水污染物排放量中

---

① 《2018年全国生猪出栏69382万头,9大上市猪企占6.45%市场份额》,网易,https://www.163.com/dy/article/E62IVII30514E1NL.html,2019年1月21日。

化学需氧量1067.13万吨、总氮141.49万吨、总磷21.20万吨，比第一次普查时的数据分别降低了19.41%、47.69%和25.54%。① 尽管十年来农业污染源水污染物排放量的降幅不算大，但这一降幅是发生在农业生产规模持续扩大的基础上，也显示出我国在农业环境污染治理方面取得的效果。

三 中国农业服务业发展现状

农业服务业是为农业生产各个环节提供服务的行业，广义的农业服务业包括农资、农技、良种、信息、流通、金融、保险等多个方面的服务行业，被认为是现代农业的重要组成部分，农业服务业的高水平发展也是农业现代化水平提高的重要标志。

我国农业服务业虽然起步较晚，但发展较快，2019年农业服务业总产值达6489亿元（见图8）。近年来，随着农业农村新型经营主体的发展，国家也在出台各类相关制度大力培育农业服务业。2017年8月，农业部、国家发改委、财政部联合下发了《关于加快发展农业生产性服务业的指导意见》，鼓励加快培育各类农业服务组织，大力开展面向广大农户的农业生产性服务，推进现代农业建设，特别提出农业生产性服务业对培育农业农村经济新业态及构建现代农业产业体系、生产体系和经营体系的重要意义。

目前，我国农业服务业尤其是农业生产性服务业发展较为迅速，势头强劲。在国家加快构建新型农业综合服务

---

① 《第二次全国污染源普查公报》，http://www.mee.gov.cn/xxgk2018/xxgk/xxgk01/202006/t20200610_783547.html。

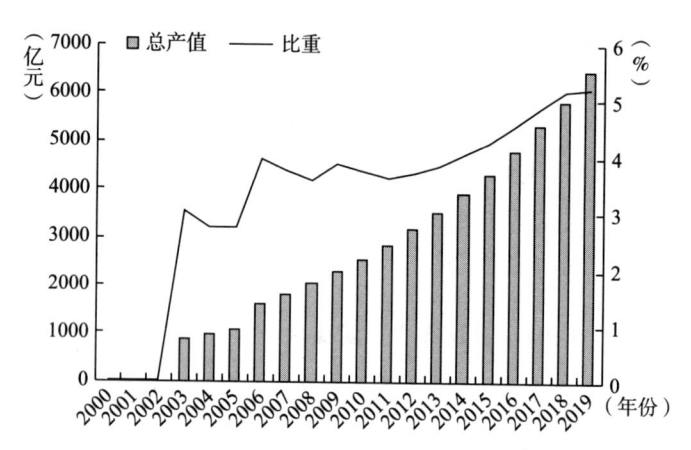

图8 2000～2019年农业服务业总产值及比重变化情况

体系的政策支持下，多元化服务组织蓬勃兴起，服务领域覆盖农林牧渔等多个产业。农业农村部农村合作经济指导司的数据显示，截至2018年底，全国农业生产托管面积达13.84亿亩次，服务组织包括农村集体经济组织、农民合作社、龙头企业、专业服务公司、服务联合体等达37万个，总服务小农户4194.37万户，占全国农业经营户的1/5。[①] 当然，我国农业服务业还处于发展的初级阶段，典型的农业社会化服务组织围绕服务小农户，针对猪粮茶果等大宗农产品生产，在产前、产中、产后各领域和供耕种管保收储运销各环节提供服务，涵盖了半托管、全托管等各种形式。在各界学者、专家的共同努力下，我国农业生产性服务业正在积极开展服务组织创新、服务资源整合等，以提升农业服务业整体能力。

---

① 《2019年中国农业服务业发展论坛举办》，中国供销合作网，http://www.chinacoop.gov.cn/HTML/2019/11/18/158585.html，2019年11月18日。

我国农业服务业的发展被认为是产业内分工水平提高的一个表现。随着农业产业的整体发展和产业地位的逐渐上升，农业服务业正在迅猛发展，但同世界发达国家的农业服务业发展水平之间的差距仍然存在扩大的趋势。目前我国农业服务业在整体农业经济产业中的比重偏低，在服务业经济产业中的比重更低（叶佳语，2015）。农业服务业发展受到政策、基础和服务业内部发展不协调以及农业服务业发展体制不完善等因素的影响，整体发展结构失衡。面对当前的困境，更多学者提出从农业的多功能性的视角出发，促进农业产业服务业的转型升级、优化结构体系和完善公益性服务网络建设等对策建议。同时，要通过大数据、物联网等高新技术在农业产业中的充分有效应用，构建农业产业全过程的信息一体化管理流程，从而实现整个市场经济体系的健康可持续发展。

四 中国农业产业发展中存在的问题

我国农村经济经过 20 多年的发展，已经取得了举世瞩目的成就，但也遗留了一些问题，面临一些新的挑战。建设现代农业的过程，就是改造传统农业、转变农业发展方式和提高农业生产效率的过程，整体而言，我国农业产业体系发展还存在着一些问题亟待解决。

（一）农业环境问题突出

在传统农业规模化发展的过程中，由于我国农业基础设施薄弱，土地资源和水资源都成为制约我国农业可持续发展的主要瓶颈。畜牧业带来的畜禽粪便污染、种植业中化肥和农药的不合理利用等所造成的土壤污染和肥力下降等进一步加剧了农业环境问题。草原生态保护、畜禽粪污资源化处理、农药和化肥减量增效、地膜清洁生产、地下水超采治理以及重金属污染耕地综合治理等工作仍旧是农业现代化的重点，做好这些工作才能进一步确保农业生态环境保护和面源污染防治取得实效。

（二）农业结构性矛盾突出

我国农业发展在以"保增长"为核心目标的增产导向型农业政策支持下取得了农产品产量增长的巨大成就，保障了农产品供给和国家粮食安全，但这并没有破解我国农业国际竞争力不强、生产效率不高、农民增收和农产品质量安全问题凸显等难题。随着国家进一步提出以绿色农业为支撑、追求质量和效率的农业导向型政策，我国农业农村发展已经进入新的历史阶段，农业的主要矛盾由总量不足转变为结构性矛盾。农林牧渔业结构与居民消费需求还不相适应，我国人均肉类、水产品、奶类消费量远低于世界平均水平。

（三）农业产业体系发展失衡、产业融合度低

长期以来，我国农业产业体系中生产环节发展迅速，但产后环节比较薄弱，初加工、流通体系以及服务体系等存在明显短板，不能满足农业生产快速发展的需要。尤其是随着农业发展和增长方式转变，农业新型经营主体迅速成长，但农业社会化、经营性等服务体系明显滞后于产业发展，农业技术、信息服务、金融服务等不能满足产业发展需要，影响农业产业竞争力和经济效益的提升。在第二、第三产业迅猛发展的同时，农业发展整体滞后，且与工业、服务业等相关产业的融合还处于初级阶段，产业融

合还有较大的发展空间。

第二节 中国循环型农业产业发展状况

一 中国循环型农业产业的发展阶段

近年来,在国家大政方针的指引下,全国各区县纷纷根据自身情况试点发展农业循环经济,在农业废弃物资源化利用、农业农村绿色转型方面取得了一定的成绩,为农业低碳绿色发展奠定了较好的基础。循环型农业产业的发展跟随市场参与主体的变化,经历了以下四个阶段的发展演变。

(一) 小规模分散生产阶段 (2001年以前)

在改革开放初期,我国的畜牧业发展还是以分散的家庭养殖为主,经济总量较小,技术水平还相对较低。以家庭为主的畜禽养殖所产生的粪便基本全部转化为农家肥满足了家庭的种植生产需求,未能形成过剩和浪费。随着中国特色社会主义市场经济体制改革的深入,社会分工越来越细化,规模化生产逐渐开始形成,社会经济开始迎来较快发展,畜牧业也得到了快速发展。这一阶段种植业和畜牧业都还处于传统的小规模散养散种阶段,环境保护的意识和循环经济思想都还没有得到重视。

(二) 技术与理念普及阶段 (2001~2010年)

进入21世纪,随着经济的快速增长,环境问题逐渐暴露出来,尤其是工业经济增长带来的水污染、空气污染问题开始引起了人们的关注。畜牧业的规模化发展促使国家环境保护总局出台《畜禽养殖污染防治管理办法》，从制度上规范了规模化畜禽养殖业的污染防治，相关的污染治理技术手段开始走入实践发展阶段。2005年国务院出台《关于加快发展循环经济的若干意见》，由此掀起了循环经济的研究和实践热潮。以工业为主的生产活动开始注重环境保护，并涌现了大量循环经济技术创新成果，环境保护理念在社会各个领域开始广泛传播。随后出台的《中华人民共和国循环经济促进法》（以下简称《循环经济促进法》）进一步将发展循环经济提至国家战略高度。2010年公布的《第一次全国污染源普查公报》所呈现的污染相关数据激发了全国民众的环境保护意识。同时，《循环经济促进法》所提倡的工业、农业等细分领域的循环经济发展指导思想恰好为产业发展的环境保护提供了具体的指导。这一阶段，循环经济技术和理念开始逐渐普及到民众和企业的生产生活中来，农业循环经济理念和环境保护意识也开始逐渐深入人心。

（三）环境规制遵守阶段（2011~2015年）

21世纪以来我国农业经济继续保持快速增长，走向了集约化、规模化发展阶段。在循环经济和环境保护理念逐步被接受的背景下，农业生产和相关管理制度开始进入环境规制遵守阶段。农业部陆续出台了畜禽养殖标准场建设要求、养殖污染防治条例等，国家也公布了循环经济发展战略和行动计划。2015年新的环境保护法的出台，正式将环境规制提升到了立法高度。循环经济在国家政策的支持下，开始迎来了新的发展。农业循环经济的发展和环境保护制度的完善将农业产业推向循环型农业产业转型发展阶段。

（四）资源化利用阶段（2016年至今）

随着正式制度的进一步演进，循环型农业产业开始进入到资源化利用阶段。为了实现畜禽粪污资源化利用，养殖业企业结合自身的经营状况展开了不同类型和不同程度的具体生产实践。散户或小规模养殖户维持传统养殖模式，通过自身种植的农作物消纳畜禽养殖产生的排泄物，这是传统农业经济中的简单种养循环。家庭农场一般会从事适度规模的养殖业及一定配套的种植业，或者与周边种植业形成配套发展，其中大部分单独从事养殖业的企业都会配套一定规模的林地、鱼塘、荒地等来自行消纳畜禽养殖产生的废弃物，以尽可能减少运行成本。规模养殖场或2014年以后新建的养殖场，在考虑时间成本和要素成本的基础上，都配套投资了沼气池或环保处理设施，确保将畜禽废弃物无害化处理后排放。在政府补贴的基础上，养殖户的环保投资水平进一步提高，这有利于养殖户选择更有效的畜禽粪污处理方式，确保废弃物的资源化和无害化。

随着农业循环经济示范项目的不断开展，循环经济理念逐步深入农业产业体系，无论是农户还是农业企业等都从心理和行为上接受了循环型农业产业并参与到环境保护工作中来。推进农业废弃物资源化利用是当前我国循环型农业产业发展的重要工作之一。农业废弃物资源化利用主要集中在畜禽粪污、农作物秸秆和农膜三个板块。

一是推进畜禽粪污资源化利用。畜禽粪污资源化利用是农业废弃物资源化利用的重点，相关工作从制度体系建设、模式探索、示范推广逐步开展起来。在制度体系建设方面，农业部办公厅印发了《畜禽粪污土地承载力测算技术指南》，指导各地以地定畜，根据畜禽粪污养分产生量配套消纳用地；印发《畜禽规模养殖场粪污资源化利用设施建设规范（试行）》，为规模养殖场配套建设粪污资源化利用设施装备提供指导；为确保制度实施，强化责任落实，农业部联合环境保护部印发《畜禽养殖废弃物资源化利用工作考核办法（试行）》，明确考核内容和目标任务，建立自上而下的考核体系。从政策支持入手，2007年开始国家实施的生猪、奶牛、肉牛、肉羊等畜禽标准化规模养殖场建设项目，截至目前累计已超过6万余个。[①] 标准化养殖场建设项目的实施，在提高畜产品质量和安全水平的同时，也提高了畜禽粪污的无害化处理水平，减少了畜禽养殖场对周边环境的影响。

二是推进农作物秸秆综合利用。我国农作物秸秆综合利用主要集中在东北地区玉米主产县等地，农作物秸秆的肥料化、饲料化和基料化循环利用是秸秆综合利用的主要方式。国家财政集中安排中央资金，支持全国168个县（市区）整县推进秸秆综合利用，包括扩大秸秆还田面积和离田利用产能等，健全完善秸秆收储运体系，形成"技术-政策-工作"三位一体的县域秸秆利用模式和产业化利用链条，带动全国层面秸秆综合利用水平的提升。研究显示[②]，2018年全国秸秆综合利用率超过了85%，约8.5亿吨秸秆被有效利用到肥料、饲料、能源等领域，其中通

---

① 数据来自《种养结合循环农业示范工程建设规划（2017—2020年）》，中华人民共和国农业农村部网站，http://www.moa.gov.cn/nybgb/2017/djq/201802/t20180202_6136360.htm，2017年9月20日。

② 中国农业绿色发展研究会，中国农业科学院农业资源与农业区划研究所. 中国农业绿色发展报告2019 [M]. 中国农业出版社，2020.

过粉碎或腐熟还田肥料化增加农田养分、提升耕地质量的秸秆利用占比超过40%，秸秆青贮、氨化、微贮或生产颗粒饲料等技术得到大力推广，秸秆饲料化利用占比也不断提升。

三是推进农膜回收。从《农膜管理办法》《关于加快推进农用地膜污染防治的意见》等法规政策体系建设开始，推进重点用膜区包括甘肃、新疆、内蒙古等地农膜回收示范建设，通过探索生产者责任延伸机制，推动全生物降解地膜产品使用，健全回收网络体系。

二 中国循环型农业发展存在的问题

我国循环型农业发展还处于初级阶段，当前还处于国家政策推动、市场主体参与、循环经济技术推进等多力共举的状态，尽管取得了一些成效，但仍旧面临较多问题，主要表现在以下几个方面。

（一）政策措施多，缺少统筹合力

国家通过一定的项目、不同的渠道、大量制度和资金支持等开展的这些农业循环经济活动，虽然取得了一定的成效，但整体而言这些示范项目、建设意见、规划方案等措施由不同的主管部门发力，如能源管理部门推进沼气工程、畜牧业管理部门推进标准化建设、农业管理部门推进综合利用，不同部门之间缺少深度合作，在引导企业生产行为的过程中总体效果不佳。尤其是对于农业生产大县，农业生产废弃物相对集中，当地的环境承载压力较大，这就需要将农业生产视为一个系统，将建设、生产、废弃物资源化利用、消费等都纳入到一个系统中来看待，进行区域统筹，这样才能提高政策的效力，发挥农业循环经济的真正作用。

（二）废弃物资源化利用经济性不高

在农业废弃物资源化利用过程中，尽管在国家有关部门和各地政府的积极推动和支持下，农业循环经济取得了一定的成效，废弃物资源化利用率也在不断提升，但是在资源化利用过程中仍然表现出经济性不高的问题。当前农业废弃物资源化利用产业链整体还存在废弃物收集成本高、资源化利用技术成本高、资源化产品质量低等问题，导致农业主体参与积极性还不高、利用率整体偏低等现实情况。例如，在畜禽粪便资源化利用方面，沼气工程的利用率偏低表现在沼气生产规模化不够、沼气发电并网难等方面；有机肥资源化利用方面还存在技术难度大、商品化水平低、市场推广普及难等问题；在秸秆综合利用方面，秸秆收储运体系还不健全，导致秸秆离田和还田成本居高不下，这也制约着秸秆综合利用的产业化发展。废弃物资源化利用的经济性问题的解决需要体系建设、技术创新等多个方面的支持。

（三）种养脱节严重

据调查，目前全国大部分的农业园区为单一种植业或单一养殖业，尤其是较多的现代农业产业园区以单一的规模化农业经济作物种植或畜禽养殖为主，种养脱节严重。规模化的农经作物种植需要大量的肥料，畜禽养殖场（区）则需要投入高额的收集处理设施来集中处理养殖粪便。畜禽粪便一直是我国农业生产的主要肥料来源，但随着养殖业的规模化发展，粪便量大且集中，受到农作物生产的季节限制、农业劳动力短缺、粪便运输难、农业补贴少等多种因素的制约，许多粪便资源变成了农村污染来源。与此同时，种植业的规模化发展带来了化学肥料的大量使用，大大增加了农业生产的整体成本。也有部分中小规模的农业园区或家庭农场能实现种养兼营，但大多数仍然不能实现种植和养殖的有机结合，农业资源难以得到充分、有效利用。

综上，循环经济作为一种科学的发展观和经济发展模式，其理念传入我国并应用到农业领域已经经历了一定的时期，但整体而言我国农业循环经济发展尚处于初级阶段（赵国强，2011）。随着我国社会经济发展的推动，农业循环经济作为循环经济系统的一个子系统，将逐渐在实践和试错过程中得到发展。当前我国农业循环经济发展面临着不少的问题和困难，农业主体参与农业循环经济的积极性还有待提高，农业循环经济模式的经济性也需要进一步验证，农业循环经济的技术手段等更需要加大研发投入和创新力度。总之，农业循环经济发展之路漫长，需要多方主体合力推进。

第三节　循环型农业产业的制度供给

本节将对我国循环型农业产业制度供给的背景、目的、内容及演进特征等进行分析，阐述我国推进农业循环经济发展的政府制度的变迁，以期对制度供给有更清晰的认识。

发展农业循环经济从根本上说离不开制度的构建与保

障，这种制度包含环境治理约束和产业规范发展两个方面的内容。本节通过梳理与农业循环经济相关的国家制度文件等，从政府立法层面的制度和产业政策类制度两个方面来阐述农业循环经济的制度变迁过程，表4列出了我国主要的农业循环经济相关制度文件。从循环经济相关政策制度的出台开始，我国循环型农业产业的制度供给在内容上经历了理念宣传、行业规范指引、标准示范推动、整县推进治理项目等从理念宣传到模式推广再到全域运行的循序渐进、由浅入深的变迁过程。同时，可以发现政府制度供给主要围绕推动经济的可持续发展、节约资源和保护环境、推动产业经济的良性发展三个方面的目标而逐渐出台实施。

表4 循环型农业产业相关制度一览

年份	出台部门	名称
2001	国家环境保护总局	《畜禽养殖污染防治管理办法》
2005	国务院	《关于加快发展循环经济的若干意见》
2005	国务院	《中华人民共和国畜牧法》
2009	国务院	《循环经济促进法》
2011	农业部	《畜禽标准化示范场管理办法》
2013	环境保护部、农业部	《全国畜禽养殖污染防治"十二五"规划》
2013	国务院	《循环经济发展战略及近期行动计划》
2013	农业部	《畜禽规模养殖污染防治条例》
2014	国务院	《中华人民共和国环境保护法》
2016	国家发改委、农业部、林业局	《关于加快发展农业循环经济的指导意见》

续表

年份	出台部门	名称
2016	农业部、财政部等	《关于推进农业废弃物资源化利用试点的方案》
2016	农业部	《全国生猪生产发展规划（2016—2020年）》
2017	农业部	《关于实施农业绿色发展五大行动的通知》
2017	国务院	《关于加快推进畜禽养殖废弃物资源化利用的意见》
2017	农业部、财政部	《关于做好畜禽粪污资源化利用项目实施工作的通知》
2017	农业部	《畜禽粪污资源化利用行动方案（2017—2020年）》
2017	农业部	《种养结合循环农业示范工程建设规划（2017—2020年）》
2018	农业部	《畜禽规模养殖场粪污资源化利用设施建设规范（试行）》
2018	农业部	《畜禽粪污土地承载力测算技术指南》
2018	农业部、环境保护部	《畜禽养殖废弃物资源化利用工作考核办法（试行）》
2018	国家发改委、农业部	《全国畜禽粪污资源化利用整县推进项目工作方案（2018—2020年）》

数据来源：根据公开资料整理。

一 政府立法层面制度的演进

我国发展农业循环经济的时间不长，因此有关农业循环经济的法律法规还不完善。《中华人民共和国农业法》是发展农业的基本法，其中第八章提到了农业资源和农业环境保护，即"发展农业和农村经济必须合理利用和保护自然资源，……发展生态农业，保护和改善生态环境"。但此条内容不能涵盖农业循环经济的理念和原则，专家学者们也提出有必要在指导农业经济发展的基本法律中体现农业循环经济的理念，因为法的原则和理念对法律制定和法律实施具有指导和促进作用（赵国强，2011；武光太，2014）。随着农业发展带来的环境污染问题日益严重，政府制定和颁布了一系列农业环境保护政策，其核心是在农业生产活动中，通过防范措施和环境管理来减少或不产生对环境的污染和破坏，实现农业资源和农业经济的可持续发展。我们发现政府立法层面的制度经历了从事后处理到事前处理再到战略理念指引的转变。

2001年3月20日，国家环境保护总局颁布《畜禽养殖污染防治管理办法》，针对畜禽养殖的污染防治做了详细的规定，要求"畜禽养殖污染防治实行综合利用优先，资源化、无害化和减量化的原则，新建、改建和扩建畜禽养殖场，必须按建设项目环境保护法律、法规的规定，进行环境影响评价，办理有关审批手续"。2009年，《循环经济促进法》的出台，体现了从末端治理向零排放的观念转变，开始将循环经济理念向生产、消费等经济全产业链贯穿，促进了产业技术升级和转型发展。

经过了十余年的发展，畜牧业污染问题也更加突出，基于此，2013年环境保护部、农业部联合印发的《全国畜禽养殖污染防治"十二五"规划》对畜禽养殖污染防治工作目标、主要任务和保障措施进行了指导。上述规划的出台是对畜牧业的布局进行一种事前约束，以降低对生态环境的负面影响。

2013年，国务院印发《循环经济发展战略及近期行动计划》，明确了农业循环经济的发展要求，分别从种植业、林业、畜牧业、渔业和工农业复合五个方面提出构建循环型农业体系的要求，为循环型农业产业的建设完善指明了方向。

2014年颁布2015年1月1日起实施的《中华人民共和国环境保护法》（简称新《环保法》）引入"生态文明建设和可持续发展"的立法理念，对管理、监督、处罚等制度进行了更新，一定程度上解决了旧环保制度的滞后性和执法的疲软性问题。其中"环境监测、环境影响评价、跨区污染防治、排污许可管理"等环境制度对环境保护的管理层面进行了完善；"许可管理制度"的引进和"信息公开和公众参与"的规定增强了环境保护监督力度；增设的"行政拘留、查封扣押等"强制性手段则重点解决了执法的疲软性问题，对于企业拒不改正的行为，行政处罚成为重要的约束。新《环保法》的出台从全局观出发，引入新的立法理念，除了对畜禽养殖的污染防治工作进行指导和监管，更着重确保立法的严肃执行。

2016年2月，国家发改委和农业部、林业局联合印发了《关于加快发展农业循环经济的指导意见》，提出"我国农业循环经济发展的目标是到2020年建立起适应农业循环经济发展要求的政策支撑体系，基本构建起循环型农业产业体系"。2017年8月，农业部印发了《种养结合循环农业示范工程建设规划（2017—2020年）》，清晰阐明了发展种养结合循环农业的迫切性，提出"整县推进、机制创新、循环利用、种养协调"的原则，明确指出到 2020 年在全国建成 300 个种养结合循环农业发展示范县，基本实现作物秸秆、畜禽粪便的综合利用。

二　产业类制度的演进

为了产业经济与环境友好双目标的实现，相关产业主管部门也陆续出台了一些政策制度以确保提升畜牧业的整体竞争力，同时促进产业绿色持续发展。产业类制度的演进经历了从产业立法规范、生产示范引导到强制性的约束管理、立足于产业发展引导的制度管理过程。

2005 年 12 月 29 日颁布的《中华人民共和国畜牧法》从立法层面规范了畜牧业的生产经营行为，在"保障畜禽产品质量安全、保护和合理利用畜禽遗传资源、维护畜牧业生产经营者的合法权益、促进畜牧业持续健康发展"等方面都做了明确规定。2011 年，在环境污染约束条件下，农业部又出台了《畜禽标准化示范场管理办法》，从引导产业建设的角度出发，规范了新建养殖场和养殖场升级改造的建设要求，并每年评定国家级养殖标准化示范场，旨在引导规模养殖场往标准化、无害化等方面发展，确保畜牧业新准入企业符合产业绿色发展要求。

2013 年颁布 2014 年 1 月 1 日起实施的《畜禽规模养殖污染防治条例》，对产业的"布局选址、环评审批、污染防治配套设施建设"等前置环节做出了规定，对"畜禽养殖场、养殖小区的养殖污染防治"提出了明确要求，对"废弃物的处理方式、利用途径等环节"进行了详细指导，明确禁养区的划定范围；同时要求地方政府对畜禽养殖污染防治工作加强管理,通过"采取有效措施,加大资金投入,扶持畜禽养殖污染防治以及畜禽养殖废弃物综合利用"。其中综合利用方面明确了粪肥还田、制取沼气、制造有机肥等方式和途径,以及通过种植和养殖相结合的方式对养殖废弃物进行资源化利用,政府对资源化利用过程中的配套设施建设等提供资金支持。

2016年4月,农业部制定的《全国生猪生产发展规划(2016—2020年)》中提出了"资源承载能力"的概念,将全国划分为"重点发展区、约束发展区、潜力增长区和适度发展区"4类区域,通过调整优化区域布局,结合资源承载能力,推动绿色发展,加快生猪产业转型升级,保障猪肉产品有效供给。2017年开始推出的畜禽粪污资源化利用项目是直接从模式、方法、建设规范等方面,进一步对畜禽养殖业的建设发展和循环型农业产业体系的构建提出了要求。

本章小结

在农业经济快速发展带来的环境污染问题进一步凸显的背景下,环境约束成为农业循环经济发展的制度要因,更是催生循环型农业产业市场实践的动力。新经济、新业态、新格局下的多元经济推动着农业现代化发展进程。我国循环型农业产业整体上伴随着农业经济的快速发展而推进,农业废弃物资源化利用是当前我国循环型农业产业发展的主要特征。政府不断推出新的循环型农业产业经济政策使得政府与种植业企业、养殖业企业和农业服务业企等农业产业主体一起成为循环型农业产业的主体，共同推动农业经济的发展。当前循环型农业产业发展仍然存在政策措施多、缺少统筹合力，废弃物资源化利用经济性不高，种养脱节严重等现实问题。

循环型农业产业的发展是建设现代化农业产业的重要环节，为了进一步理解循环型农业产业发展背后的机理，本书将接着围绕产业内的经济活动关系即契约关系展开详细的研究，尝试结合中国特色社会主义治理体系和治理机制下的制度行为，探讨影响循环型农业产业发展的市场因素，明晰政策机制和路径选择，真正为我国农业循环经济发展提供产业建设和制度建设方面的决策支持，以促进循环型农业产业的高效发展。

第四章 循环型农业产业主体的契约履约行为分析

康芒斯在《制度经济学》中指出交易是人类活动的基本单位。威廉姆森将古典经济学和新制度经济学进行比较分析，其中古典经济学的代表是"选择科学"（science of choice），新制度经济学的代表是"契约科学"（science of contract）。由此可见，如果所有的经济活动都可以视为一种交易，则交易的实质就是契约。而与古典经济学中的"完全契约"相比较，新制度经济学中的契约是不完全的，即经济人的有限理性、机会主义以及环境的不确定性等会导致事前无法预知的不确定性事件发生。Hart 和 Moore（1990）基于契约的不完全性，提出了著名的 GHM 模型，它以古典经济学假设为基础，将"剩余控制权"引入到不完全契约中，从动态的时间视角来阐述不完全契约的履约过程。

博弈论被广泛应用于不完全契约的研究，契约各方在履约过程中的均衡决策被认为是不完全契约求解的过程。在循环型农业产业中，不同的经济主体可能基于不同的期望值参与到农业循环经济中来。因此，缔约初期各方更愿意选择灵活的不完整的契约，并基于不同的付出，在契约履约过程中采取不同的决策以便根据农业循环经济的运行情况进行再谈判和其他博弈行为，这就导致了不完全契约的形成和履约都是一个动态的过程，它是通过不同经济组织在一系列行为互动中实现的。而外部环境的变化、经济主体的有限理性等，会导致均衡不断被破坏，由此，契约履约在动态的过程中持续演化。李鹏等（2014）在研究农业废弃物循环利用参与主体的协同创新绩效时发现：主体之间的利益诉求差异和信息不对称问题会制约资源化产业的发展，但是参与主体整体处于"协调且一般有效"状态。因此，随着农业循环经济的推进与发展，产业中的不同经济组织会随着时间推移，更好地在体系中发挥自己的作用。基于演化博弈的视角，我们能更好地理解在循环型农业产业运行过程中，不完全契约的持续演进和发展如何推动产业发展。

本章将从契约的不完全性视角出发，分析循环型农业产业中契约不完全性的成因，揭示影响循环型农业产业发展的关键因素，探讨不完全契约的履约机制，并运用演化博弈和 Matlab 数值模拟相结合的方法对这些因素进行验证，探究循环型农业产业发展过程中不完全契约的自我履约过程，从而明确不完全契约的自我履约机制。

第一节 产业内不完全契约的理论分析

一 契约缔结的不完全性成因分析

从不完全契约视角来研究循环型农业产业，实际上是研究两类不同的契约以及契约的变化过程，即政府与产业主体（包括种植业企业、养殖业企业以及农业服务业企业）之间的契约以及产业主体间相互的契约。政府与产业主体之间的契约体现了政府在推行农业循环经济过程中的环境治理作用，契约从某种程度上说对产业主体具有诱惑性和强制性。诱惑性是从激励角度借由政府提供的鼓励政策引导企业参与农业循环经济，强制性是从规制的角度约束企业行为，因为政府和产业主体具有不同的社会分工和职能。因此，这类契约与市场化的契约有一定的差异。而产业主体之间的契约则更多偏向市场化契约，其更注重产品交换的价值对等。不完全契约理论研究表明，契约的不完全性主要是因环境的不确定性、经济人的有限理性和交易成本而产生的（聂辉华，2011）。本书亦从这三个方面去逐一阐述循环型农业产业中契约不完全性的表现。

（一）环境的不确定性

在循环型农业产业中，环境的不确定性是由农业循环经济体系运行发展的长期性决定了体系内所涉及契约内容的复杂和不确定性，从而导致的契约运行期间的环境变化。循环型农业产业的构建，包括从循环模式的设定到各项资源的配置再到农业产业主体的废弃物资源化利用的整个循环经济过程，是一个从零开始的过程，这就决定了农业循环经济参与主体之间的契约从时间维度上来说具有长期性。在循环型农业产业构建的过程中，无论是养殖业还是种植业抑或是提供第三方服务的农业服务业，都无法对循环型农业产业实际运行中的契约内容进行完全的约定和执行。这种契约的内容是复杂的，它包括了运行初期各方已知的生产废弃物排放、收集、加工、运输等各个环节，也包括运行后期的内容，如产品的有效性、经济性、便利性等。一项经济行为的发生和完成过程，是不可能完全预期经济行为变化和履约期间的环境变化的,而环境变化的内容将在不同程度上影响经济行为的完成(聂辉华,2008)。循环型农业产业构建和运行的长期性,决定了体系运行中契约履约所面临的环境不确定性,从而产生了不完全契约。

(二)经济人的有限理性

循环型农业产业中各个参与方都是独立的行为人,他们的有限理性会导致体系中契约履约的不完全性。在现实的经济行为中,政府、养殖业企业、种植业企业、农业服务业企业作为不同的产业代表,都是经济人。在微观经济中,他们更是具有有限理性的独立的行为人,他们会基于不同的目标参与循环型农业产业,每个行为人都不可能完全预期所有情况,也不可能完全掌握农业循环经济模式发展的每一个阶段的结果,因此,各方都会基于自身所掌握的知识和经验做出判断从而参与到循环型农业产业中来。作为政府而言,政府主体的理性表现为在宏观政策层面要求实现社会效益最大化,具体反映到基层政府主体则是完成上级政府下达的推进农业循环经济发展的工作任务。作为产业主体而言,效益最大化是产业主体选择参与农业循环经济的原则。

(三)循环模式中的交易成本

农业循环经济模式是将一种产业的生产废弃物加工成另一种产业生产需要的生产资料,是循环产业链上的一种资源节约型模式。资源节约将导致整体产业链生产成本的降低。在循环型农业产业中,无论是养殖业个体、种植业个体还是农业服务业个体,他们都是独立的经济主体。科斯（1937）在《企业的性质》中提出，企业本质上是一种契约关系，根据这种契约关系，企业需要支付一定的报酬或通过交换来获取生产要素——无论是从企业内部获取生产要素还是通过外部合作获取生产要素，这是交易费用理论的基础。如果把循环型农业产业看作一个整体，也就是一个大的企业组织，则参与其中的农业产业组织之间生产要素的循环利用，可能会减少交易成本，但不会消除交易成本。这种交易成本，基于不同的微观主体所拥有的资源条件和面临的外部环境的不同，其变动存在差异。例如，一个集团在某集中区域内通过下属养殖场和种植基地在集团内部形成废弃物利用的循环型农业产业，这一整个体系，可能会比两个独立的养殖场和种植基地通过合作来实现农业循环经济体系提供同等价值的畜禽产品和经济作物所需要的生产成本要高，这是外部市场内部化所决定的。同样，如果将农业产业看作一个整体，则产业运行所需要的交易成本与能提供同等价值产品但未参与农业循环经济的同等相关产业所需要的交易成本也一定是有差异的。这其中交易成本的变化还受到农业循环经济发展中技术、管理、人才等因素的影响。技术是新经济发展的工具，新技术的应用会影响经济模式的成本和效益，同样，管理水平和人才队伍质量都会影响循环型农业产业运行的成本和效益。因此，交易费用的不确定性决定了循环型农业产业运行中契约的不完全性。

二　基于不完全契约和信息不对称的委托代理模型讨论

在运行机理上，农业循环经济项目制存在着多重委托-代理关系。本节基于对哈特和霍姆斯特姆（Hart and Holmstrom, 1987）、霍姆斯特姆和米尔格罗姆（Holmstrom and Milgrom, 1987）模型的简化和拓展，讨论参数化的委托-代理模型。

（一）两类契约中的委托代理关系

在农业循环经济理论实践的过程中，已经逐步形成了以"农业生产废弃物资源化利用"为主线的发展模式。本书根据契约缔结主体特征的不同，将契约分为政府契约和企业契约。政府作为委托人，其他被选中的产业主体为代理人，双方达成的项目实施意向或签订的合同为政府契约；产业主体间为了降低交易费用、实现效益最大化而发生的交易活动或签订的合同则为企业契约。

1. 政府契约：项目供给中的委托-代理关系

政府供给的农业循环经济项目是通过激励机制提供政策、资金、技术等资源鼓励企业进行环保绿色生产，实现减排目标。在政府的推动下，产业主体在环境规制与企业经营之间寻求平衡，如果参与了项目选择农业循环经济生产模式，就与政府达成了以项目内容为主的契约关系。种植业企业参与农业循环经济项目，就需要在农业生产过程中做到资源的减量化使用，包括减少化肥、农药等的使用；并尽可能使用粪肥资源化产品，再将生产过程中产生的废弃物如秸秆、农膜等进行回收再利用，减少资源浪费和环境污染。养殖业企业参与农业循环经济项目，需要遵从政府对畜禽养殖业的管理要求，从事畜牧业绿色生产养殖，包括节能降耗、对畜禽粪便资源化利用，降低环境负担。当前政府供给的农业循环经济项目主要是提供一定的奖励或补贴资金，用于农业循环经济生产设施投入、生产手段改良、生产条件改善等，这是农业循环经济生产过程中的一种专用性投资补贴。政府契约体现了政府正式制度对产业主体的诱导性和强制性。政府契约中，政府作为项目的供给方，通过提供项目补贴等方式为产业主体参与农业循环经济项目提供资金支持，在契约中政府是委托人，产业主体是代理人。项目制下的契约更偏向于刚性契约，是一次性契约（龚为纲等，2016）。

2. 企业契约：产品购销中的委托－代理关系

农业循环经济项目中的企业契约以产业链中废弃物资源化产品的购销为主线。在企业契约中，产业主体因为相互之间的产品或服务的契约而形成委托代理关系。种植业企业和养殖业企业通过相互提供废弃物资源化产品而构成产品购销的契约关系；农业服务业企业分别为种植业企业和养殖业企业的废弃物资源化产品购销，提供收集、处理、加工、销售等服务，并进一步通过专业化分工，承接农业生产废弃物资源化利用服务，如粪肥灌溉等，与前两者形成契约关系。在现实经济活动中，一个养殖场产生的粪肥资源需要销售给 N 个种植业企业，养殖场的主营业务是畜禽养殖，将粪肥资源的商品化销售过程转移给第三方农业服务业企业成为养殖业企业最主要的选择。同样对于市场中存在的 N 个种植业企业而言，单个主体与供应商的议价能力存在明显差异。实践证明，农业服务业是市场专业化分工的产物，其在促进农业循环经济发展和为种植业企业与养殖业企业提供最优决策中都具有积极作用（Bluemling et al., 2018；Chen et al., 2020）。产业主体之间的企业契约更多地偏向于柔性契约，注重产品交换的价值对等，包括产品购买的交易成本和产品使用的预期收益等。这种以产品购销为主导的企业契约是重复性契约，每次契约的履约都受到交易费用、成本、收益等市场因素的影响（黄明元等，2011）。

（二）不同主体间的委托-代理关系

1. 政府与产业主体间的委托-代理关系

政府作为委托人，产业主体作为代理人，他们都要实现参与循环型农业产业的最优激励。依据现实情况，假定委托人不能观测到代理人的行动选择 a 和外生变量 θ，只能观测到产出 ρ；代理人选择行动的标准是产出最大化，委托人与代理人之间达成的契约为不完全激励契约 $s(\rho)$。委托人将选择同时符合参与约束和激励相容约束的代理人签订激励契约 $s(\rho)$ 以最大化自己的期望效用。假定代理人有两个可能的取值 P 和 N，其中 P 代表积极（positive），N 代表消极（negative）。假定产出 ρ 的最大可能值是 $\bar{\rho}$，最小可能值是 $\underline{\rho}$。如果代理人积极履约（$a=P$），ρ 的分布函数和分布密度分别为 $F_P(\rho)$ 和 $f_p(\rho)$；如果代理人消极履约（$a=N$），分布函数和分布密度分别为 $F_N(\rho)$ 和 $f_n(\rho)$。假定 $\rho(a,\theta)$ 是 a 的增函数，$F(\rho,a)$ 对 a 可微时，意味着 $\frac{\partial F}{\partial a} < 0$；假定 $c(P) > c(N)$，即积极履约的成本比消极履约的成本高，代理人想选择 $a=N$，委托人可以通过规定 $S(*) \equiv s$ 来达到目的；从委托人来讲，其希望代理人选择 $a=P$，此时，代理人的激励相容约束意味着 $\frac{\partial s}{\partial \rho} \neq 0$。委托人通过激励契约 $s(\rho)$ 解最优化问题：

$$\max_{s(\rho)} \int v(\rho) - s(\rho) f_p(\rho) \mathrm{d}\rho$$

s.t. $(IR) \int u(s(\rho)) f_p(\rho) \mathrm{d}\rho - c(P) \geq \bar{u}$

$(IC) \int u(s(\rho)) f_p(\rho) \mathrm{d}\rho - c(P) \geq \int u(s(\rho)) f_N(\rho) \mathrm{d}\rho - c(N)$

令 ϑ 和 μ 分别为参与约束 IR 和激励相容约束 IC 的拉格朗日乘数，那么得到最优化一阶条件：

$$-v' f_p(\rho) + \vartheta u' f_p(\rho) + \mu u' f_N(\rho) = 0$$

得到：

$$\frac{v'(\rho - s(\rho))}{u'(s(\rho))} = \vartheta + \mu(1 - \frac{f_N}{f_P}), 其中, \mu > 0 \qquad (1)$$

代理人的收入 $s(\rho)$ 随似然率 $\frac{f_N}{f_P}$ 的变化而变化，在非对称信息条件下，代理人必须承担不确定性风险。委托人根据产出 ρ 来判断代理人的履约状态（积极或消极），并确定是给予奖励（$s(\rho) > s\vartheta(\rho)$），还是另外选择代理人。

2. 产业主体间的委托 - 代理关系

在农业循环经济项目中，随着养殖业规模的扩大，专业分工更强，会导致养殖业企业对政府农业废弃物综合利用契约的消极履约，现实中会出现委托第三方服务业企业（粪肥收集企业）作为第二级代理人的情况。同样，可以假定委托人通过企业契约实现损失最小收益最大，代理人的经营分为销售和收集两种，代理人经营的目的是收益最大化。一般情况下，收集类活动的收益产生在未来，委托人和代理人的成本收益存在差异，分别以系数 Z_1 和 Z_2 表示折现因子，假定 $Z_2 < 1, Z_1 > Z_2$，粪肥收集对于委托人更有益（孙丹等，2021）。

（1）委托人的预期收益 $y_1 = I + Z_1(M - I) + \varepsilon$，其中 M 为代理人总投入，I 为销售活动投入。委托人支付代理人的费用为 $W(y_2)$，因此，委托人的净收益函数为：

$$P_1 = y_1 - W(y_2) = I + Z_1(M - I) - s - b[I + Z_2(M - I)](1 - b)\varepsilon \quad (2)$$

其中，s 为固定收益，b 为边际产出收益。

（2）代理人的净收益函数 P_2 由代理人的预期收益 $W(y_2)$ 与成本 $C(m)$ 决定，其中：

$$W(y_2) = s + b y_2 \quad (3)$$

代理人产出为：

$$y_2 = I + Z_2(M - I) + \varepsilon \quad (4)$$

M 和 I 同上，折现因子 $Z_2 < 1$，$\varepsilon \sim N(0, \sigma^2)$，代理人的净收益函数为：

$$P_2 = W(y_2) - C(m) = s + b[I + Z_2(M - I)] + b\varepsilon - C(m) \quad (5)$$

在最优履约情况下，$\mathrm{Var}(P_2) = b^2 \sigma^2$。

（3）委托人要确定最优契约［见式（6）］，代理人要选择总投入和销售活动投入，以达到收益最优［见式（7）］，且收益要高于保留净收益溢价 CE ［见式（8）］。

$$\max_{[s,b]} EP_1 = I + Z_1(M - I) - s - b[I + Z_2(M - I)] \quad (6)$$

$$\text{s. t.} \max_{[M,I]} EP_2 = s + b[I + Z_2(M - I)] - C(m) - \frac{r b^2 \sigma^2}{2} \quad (7)$$

$$s + b[I + Z_2(M - I)] - C(m) - \frac{r b^2 \sigma^2}{2} \geq CE \quad (8)$$

考虑了代理人风险偏好，r 为风险偏好系数，$r > 0$ 表示风险厌恶,则效用函数为:$U(x) = -e^{-rx}, x \sim N(0,v)$。因此,对式(7)中$M$和$I$求偏导,有:

$$\frac{\partial EP_2}{\partial I} = b - bZ_2 > 0;$$

$$\frac{\partial EP_2}{\partial M} = bZ_2 - c'(m) = 0 \Rightarrow m^* = bZ_2$$

联立式(6)和式(8),可推出式(9)如下:

$$\max_{\{s,b\}} I + Z_1(M - I) - s - b[I + Z_2(M - I)] + \lambda CE(s,b) \quad (9)$$

求解得到①:$b^* = \dfrac{1}{\dfrac{Z_2}{Z_1} + \dfrac{r\sigma^2}{Z_1 Z_2}}, m^* = \dfrac{Z_1}{1 + \dfrac{r\sigma^2}{Z_2^2}}$

假定Z_1保持不变,只考虑代理人收集粪肥的折现能力Z_2和风险厌恶系数r,可以得到如下结论。

①若$Z_2 < 1$,无论r和Z_2如何变化,都不利于粪肥的收集活动,代理人会增加销售端的经营投入I。

②若Z_2减少,则更不利于代理人积极履约收集粪肥,而且激励效应也会减弱,m^*减少,不利于代理人收集处理粪肥的积极性和投资提升。

③若r增加,风险厌恶程度增加,更不利于代理人积极履约,m^*减少,与②的结果类似。

三 不完全契约的履约机制分析

蒋士成、费方域(2008)将无法缔结状态依赖的合同,包括因不能缔结合同结果直接依赖于所实现状态而设

---

① 式(9)中委托人要实现收益最大化,令式(6)取等号,$\lambda > 0$且λ取任何值均满足,可取$\lambda = 1$。

计的机制等都称为不完全契约。循环型农业产业中不完全契约的履约是指在产业运行中各经济主体共同按照契约内容开展活动并最终实现农业循环经济。作为一种市场机制，聂辉华等（2008）总结了不完全契约的履约机制主要包括资产专用性、惩罚、激励、声誉和社会资本五类，其中，除声誉是基于一种长期影响而发挥作用外，其他几项都属于静态和短期效应。

（一）基于 GHM 模型的不完全契约

依据不完全契约理论，GHM 模型解释了长期契约，强调"特定控制权"和"剩余控制权"对经济组织专用性投资的激励效应。其中特定控制权是在契约缔结前事先知道可以通过契约来约定的权利，而剩余控制权是初始契约中双方没有约定的经环境变化而导致契约需要调整并重新约定的权利。这种控制权在不完全契约的履约过程中具有重要作用。我们尝试基于 GHM 模型，将循环型农业产业运行的不完全契约表示出来，如图 1 所示。

$T=0$	$T=1$	$T=2$
事前阶段	二次谈判	事后阶段
信号被观察 加入循环型农业产业体系	契约调整修订 循环型农业产业体系运行中	
初始契约	契约自然状态	执行契约

图 1 循环型农业产业运行的契约状态（基于 GHM 模型）

在循环型农业产业中，政府为了保证社会经济效益的提升、自然环境保护与环境治理成绩，会向养殖业企业、种植业企业和农业服务业企业提供特定控制权和剩余控制权，因此在 $T=0$ 时，政府向农业产业主体提供一套初始契约。假定契约的内容包括了循环型农业的产业政策、财税政策、资金、土地等，当初始契约被产业组织接受，那么这部分产业组织就会选择对应的模式参与到循环型农业产业中来，在产业主体之间形成以废弃物利用为主的循环经济模式的契约，则循环型农业产业开始启动。当体系运行到 $T=1$ 时，政府开始对循环型农业产业各主体的运行情况进行检查评估，根据企业的运行情况是否与政府治理绩效预期相符，决定是否调整契约内容，此时体系中的产业组织将参与第二次谈判；同时，种植业企业、养殖业企业和农业服务业企业三者之间也会对废弃物利用的有效性和经济性做出评估判断，进行第二次谈判，决定是否调整契约内容以达到循环模式的经济性，或者是否退出循环型农业产业。经过这一过程，当体系运行到 $T=2$ 时，循环型农业产业进入到可持续发展和资本回收期，政府可以依据契约获得社会经济效益和环境保护绩效，各产业主体也依据契约获得经济效益。

（二）资产专用性

1983年，威廉姆森和克莱因对新制度经济学中资产专用性的研究表明：资产因为可用于不同用途或不同使用者使用的程度不同，对投资、交易和利益分配等具有重要影响。从理性经济人的视角来看，对于养殖业企业来说，在参与农业循环经济之前其已经按照传统的生产方式投入养殖生产，其原有的投资越大，意味着转入到循环型农业产业之后原来的投资将全部或部分不能发挥作用，是一种直接投资损失。张维迎（1996）在分析资产专用性的时候提出这是一种"套牢"效应，通过资产性投资锁定了双方的契约关系。在循环型农业产业发展过程中，对于农业产业主体的专用性投资涉及参与前和参与后两种类型。处于生产状态的经济主体转入到循环型农业产业之后，需要考虑新的生产方式能带来的长期效益能否覆盖新增加的投资和前期投资的损失，以及能否获得持续收益；或者新的经济生产方式能否规避现有生产方式可能面临的风险。这种专用性投资越高，契约方为了合作收益最大化，越会增强履约的自主性。

（三）惩罚、激励、声誉与社会资本

Benjamin 和 Saft（1985）在研究中指出，惩罚机制主要是契约对于违约的一方所约定的惩罚方式。这种惩罚机制在循环型农业产业中，可以表现为产业主体在废弃物循环利用过程中未遵守相关约定而遭受到的政府行政性处罚，也表现在产业主体间在废弃物资源化契约中约定的违约成本。因此，惩罚是一种不完全契约自我履约机制中的独立因素。与惩罚不同，激励则表现为不完全契约履约中的一种"溢价"，它会增加履约所获得的收益，也可被理解为一种为了促成履约而支付的额外奖励或为防止违约而支付的保险费。在 Benjamin 和 Saft（1985）的模型中，只要履约的期望收益大于违约的短期收益就可以促进契约的履行。声誉作为一种动态和长期影响因素，也直接影响循环型农业产业中不完全契约的自我履约。随着我国绿色发展、可持续发展等战略的实施，循环型农业产业中废弃物资源化利用的不完全契约在现实中是重复性契约。聂辉华（2008）在解释声誉在不完全契约的自我履约机制中的作用时提出，契约各方为了获得长期的收益，会在重复的交易中建立自己的声誉，以实现契约的自我履约，而一次性

交易则会存在理性的契约方为了短期收益或利益最大化而选择机会主义行为导致"非合作博弈均衡"。因此，在重复交易行为中，声誉发挥着重要作用。汪晓宇等（2003）在对社会资本的研究中提出，社会资本从社会规范、信任和社会网络三个方面影响契约的自我履约。在循环型农业产业中，社会规范通过正式制度和非正式制度来促进循环型农业产业中经济主体的自我履约，主体间社会网络的形成会影响相互之间信息的公开度，信任则能间接减少废弃物资源化利用过程中的交易成本，促使相关主体自我履约。

综上所述，资产专用性、激励、惩罚、声誉和社会资本均能影响循环型农业产业中不完全契约的自我履约。循环型农业产业是一个包含政府、养殖业企业、种植业企业和第三方农业服务业企业在内的多主体的系统，经济主体的理性经济人假设决定了在循环型农业产业内不完全契约的自我履约机制的形成长期依赖相互之间的均衡博弈行为。

四　不完全契约履约的影响因素分析

不完全契约的自我履约机制会促进循环型农业产业的有序运行，但循环型农业产业的形成和运行是一个复杂的过程。通过前文的理论分析，可以初步得出影响循环型农业产业形成和运行的几个关键因素。

（一）环境和时间

循环型农业产业形成和运行具有发展上的长期性，针对时间变化所带来的环境不确定性，要求循环型农业产业要形成以废弃物回收、资源循环利用为核心的循环经济标准，确保废弃物的回收、加工、再利用全过程的循环经济效率。农业特殊的产业特征，决定了对循环型农业产业参与主体的运营能力有较高的要求，尤其是参与主体需要长期坚持循环经济理念，切实在产业运行中不断提升循环经济的社会效益和经济效益，这是循环型农业产业能长期高效运行的基础和前提。

（二）理性经济人

在循环型农业产业形成和发展的初始阶段，参与其中的产业主体就好比是吃螃蟹的第一人，由于行为人的有限理性的存在，各产业主体尤其是企业家需要对其角色定位和社会责任有清晰的认识，这是循环型农业产业形成和发展的重要保障。对此，政府和学者要重视对参与主体尤其是决策者开展培训指导，以提高科学认知和消除偏见。

（三）交易成本

循环型农业产业的运行，关键在于对生产过程中产生的废弃物的收集和加工，这需要技术装备等固定资产投入，还需要专业人才的支持，很多模式和生产方式也需要试运行和调整。因此，农业循环经济项目面临投入大、周期长、成本回收慢的困境，需要产业内各主体间的紧密有效配合。政府在其中要正确处理好产业主体间的合作关系，有效发挥协调职能，提供循环模式中所需要的部分公共设施的投入和财政政策等方面的支持，促进循环型农业产业的健康高效运行。

综合前文分析可知，循环型农业产业的形成和良好运行，需要以政府的资金和政策支持作为推动力量，以各参与主体的长期社会责任和环境保护责任为重要保障，以生产废弃物循环利用为核心，以循环经济标准化建设为基础。

第二节 基于演化博弈的不完全契约履约分析

契约精神在市场经济中已经成为一种文化。为进一步理解不完全契约在循环型农业产业构成中的作用机制，本节通过产业主体间的相关利益分析并借助演化博弈模型来加以探究。假设产业主体（包括养殖业企业、种植业企业和农业服务业企业）都是理性追求自身利益最大化的经济主体，政府以企业行为的外部不经济性最小和社会效益最大化为目标（陈红，2005）。

一 契约相关方的利益分析

（一）政府相关利益分析

我国农业经济的快速发展不可避免地带来了环境污染和生态破坏，环境治理和生态恢复成为政府治理工作的重要部分（蔡长昆，2016；曹慧等，2017）。政府作为循环型农业产业中的博弈主体之一，其从环境治理和经济管理的角度参与到循环型农业产业中来，并推动农业产业市场主体的加入。因此，我们将参与循环型农业产业的市场主体统称为农业主体，将他们作为一个整体来讨论其与政府之间的博弈均衡策略。

农业主体存在两种类型，一种是已经在农业生产领域中开展生产或提供服务的企业，另一种是拟新进入农业体系的企业。企业在参与循环型农业产业之前有两种选择，一种是传统的经济生产方式，另一种是循环型农业生产方式。参与循环型农业产业的主要行为是生产过程中的废弃物资源化利用。假设农业企业废弃物资源化利用的成本为C_1，传统经济生产方式的废弃物处理成本为C_2，根据循环型农业产业的实践，恒有$C_1 < C_2$（王芳，2008；陈红，2005等）。从理性经济人的视角推断，对于拟新进入农业体系的企业而言，参与循环型农业产业是最优策略。在此，本书主要讨论第一种情况，即已经在农业生产领域中开展生产或提供服务的企业主体与政府之间的博弈。

政府作为博弈主体有两种选择，选择支持农业主体参与循环型农业产业或保持沉默。从政府主动推动循环型农业产业建设和发展的行为可以将其定义为初始契约的制定者，掌握的信息相对全面和充分，决策接近完全理性。政府从环境治理和经济管理的角度制定支持策略，表现为政府投入专用性资产用于支持循环型农业产业的建设和运营（现实经济活动中，政府对专用性资产的投资额度取决于农业循环经济项目的规模和建设内容，因此是不确定的），从而减少循环型农业产业市场主体的直接投入。假设政府选择支持策略的概率为z，那么沉默策略的概率为$1-z$。政府对农业主体的直接投入为W，同样当农业循环经济运行后，政府可以获得环境绩效的提升Ee。政府如果选用沉默策略，表示政府投入循环型农业产业的专用性资产为0。同样也存在农业主体因为不采取循环模式而可能面临的环保税、排污费等相关方面的政府处罚P，而政府也存在环境管理的负面效益Ce。

农业企业同样存在两种选择，选择积极参与农业循环经济模式的概率为a，那么不参与的概率为$1-a$。农业企业因为参与农业循环经济从而可能面临已经投入生产的部分固定

投资损失 C_0，以及可能获得政府直接支持 W；反之，不参与农业循环经济可能导致企业接受政府处罚 P；农业企业参与农业循环经济要付出的生产废弃物处理的成本为 C_{a1}，而不参与农业循环经济要付出的废弃物处理的各项成本为 C_{a2}，且恒有 $C_{a1} < C_{a2}$，这样可以得到一个博弈矩阵（见表1）。

表1 政府与农业企业的博弈矩阵

博弈行为	政府支持参与 z	政府沉默 $1-z$
农业主体参与循环经济 a	$W - C_0 - C_{a1}, Ee - W$	$-C_0 - C_{a1}, Ee$
农业主体不参与循环经济 $1-a$	$-C_{a2} - P, P - Ce$	$-C_{a2} - P, P - Ce$

从以上博弈矩阵来看，对政府而言，当 $Ee > W$，即政府获得环境绩效的提升大于政府对循环型农业产业的投入时，有最优的均衡策略（农业主体参与循环型农业，政府支持参与），这也是目前循环型农业开展过程中普遍存在的行为方式。同样当 $P > Ce$，即政府对农业企业不参与循环型农业产业的处罚大于农业企业传统生产方式带来的环境管理负面效益，会促使政府选择支持参与循环型农业产业。同样，对农业企业而言，只要存在 $W - C_0 - C_{a1} > -C_{a2} - P$，即存在政府对循环型农业产业的投入高于农业企业参与循环型农业产业可能损失的固定投资和可能遭遇的政府处罚之差，即 $W > C_0 - P$，农业企业就会选择参与循环型农业产业。

从以上分析得知，农业企业是否选择循环经济生产方式取决于政府投入专用性资产的大小，而政府的行为从本质上来讲取决于政府对循环型农业的支持概率，即制度因素。

(二) 农业企业之间的相关利益分析

一般认为，循环型农业产业中的农业服务业企业恒定参与循环型农业产业，作为博弈主体之一，其在处理养殖业粪肥过程中，有正常的经济收益 e（包含养殖业企业处理废弃物支付的部分成本和种植业企业使用粪肥支付的部分价格）。按照经济效益最大化原则，如果农业服务业企业不能获取经济收益，则不会参与进来，因此，本节主要讨论种植业企业和养殖业企业之间的利益博弈关系。一般认为当前循环型农业产业对农业生产废弃物的资源化利用以养殖业产生的粪肥和种植业产生的秸秆等为主要原料，本书以其中养殖业产生的粪肥由种植业资源化利用为例分析双方的博弈策略。

存在养殖业企业不参与循环型农业产业要付出的废弃物处理的各项成本为 C_{a2}，养殖业企业不参与循环型农业产业为企业自身带来的负面影响为 C_{x3}，并且接受政府处罚 C_{x4} 和对种植业主的补偿 C_{x5}；参与循环型农业产业要付出的废弃物处理的成本为 C_{a1}，且恒有 $C_{a1} < C_{a2}$，但养殖业企业从用传统生产方式处理粪肥转为在农业循环经济下处理粪肥可能造成已经投入生产的部分固定投资损失 C_0，但也可能获得政府直接支持 W_1；种植业企业使用粪肥资源化利用产生的有机肥替代传统生产方式下使用的化肥，种植业企业的成本是价格 P，在第三方服务平台和养殖业企业都积极保证服务质量的前提下，种植业企业可以获得收益 Q_{y1}；若养殖业企业选择不参与循环型农业产业，不能保证之后循环型农业产业的质量，种植业企业获得收益 Q_{y2}（明显 $Q_{y2} < Q_{y1}$）(Bluemling et al., 2018)，之后得到养殖业企业 C_{x5} 的补偿。这样可以得到以下博弈矩阵（见表2）。

表 2　农业企业间的博弈矩阵

博弈行为	种植业企业 参与 b	种植业企业 不参与 $1-b$
养殖业企业参 与循环经济 a	$W_1 - C_0 - C_{a1} + P$, $Q_{y1} - P$	$W_1 - C_0 - C_{a1}$, 0
养殖业企业不参与 $1-a$	$-C_{a2} - C_{x3} - C_{x4} - C_{x5}$, $Q_{y2} - P + C_{x5}$	$-C_{a2} - C_{x3} - C_{x4}$, 0

一般情况下，种植业企业接受养殖业企业的资源化粪肥产品，只有综合效率大于 0，作为使用者才会考虑购买使用。养殖业企业对种植业企业的价格支付可以看作第三方农业服务业企业的收益，有 P 恒大于 0；当 $Q_{y1} - P > Q_{y2} - P + C_{x5}$ 时，农业企业间的博弈存在唯一的纳什均衡（$W_1 - C_0 - C_{a1} + P$，$Q_{y1} - P$），这也符合种植业企业对参与绿色农业生产的需求，即 $Q_{y1} > Q_{y2} + C_{x5}$，且 $C_{x5} > = e$。当 $Q_{y1} < Q_{y2} + C_{x5}$，或者 $C_{x5} < e$，则不存在纯策略的纳什均衡，需要考虑农业企业转而参与农业循环经济的概率。

二　演化博弈的假设条件和模型建立

根据上述循环型农业产业的理论分析，将循环型农业产业中的契约构成分为政府与农业企业之间和农业企业内部之间两大部分，从演化博弈的视角分别分析主体之间在参与循环型农业产业过程中不完全契约的自我履约情况。基于此，对循环型农业产业中的政府、养殖业企业、种植业企业和农业服务业企业四个博弈主体有如下假设。

假设1：政府、养殖业企业、种植业企业、农业服务业企业四个主体在参与养殖业产生的粪肥的资源化利用过程中形成了循环型农业产业，四个主体均为有限理性的博弈主体，他们在粪肥资源化利用中存在不同的契约关系，存在博弈各方有限理性的情况。

假设2：政府作为农业循环经济实施的主体，有支持和沉默两种策略选择，如果支持概率为 z，那么沉默概率为 $(1-z)$。

假设3：政府选择支持实施农业循环经济时，会积极提供发展农业循环经济所需要的财力方面的支持 C_{z1}（包含对养殖业企业、种植业企业和农业服务业企业的支持），此时养殖业企业的积极参与给政府带来 Rz 的环境效益提升，而养殖业企业选择不参加时政府有权进行 C_{x4} 的行政处罚；当政府保持沉默时有环境和声誉的负面影响 C_{z2}。

假设4：循环型农业项目中养殖业企业在策略选择上有积极参加和不积极参加两种，如果养殖业企业积极参加的概率为 a，那么不积极参加概率为 $(1-a)$。养殖业企业选择积极参加循环型农业项目时，要付出的处理生产废弃物（粪肥）的各项成本为 C_{x1}，积极参加循环型农业项目可以为养殖业企业带来包括政府奖励、示范项目或者品牌声誉等方面的收益 Rx；养殖企业决定不参加循环型农业项目时要付出处理粪肥的各项成本 C_{x2}（基于循环经济理论和实践，明显有 $C_{x2}<C_{x1}$），也会给企业自身带来负面影响 C_{x3}，还可能产生政府处罚 C_{x4}，或者因为对粪肥的消纳需要种植业企业协助处理从而支付处理补贴 C_{x5}。

假设5：种植业企业参加的概率为 b，放弃的概率（1-

第四章 循环型农业产业主体的契约履约行为分析

b);种植业企业的成本是价格 P,在第三方服务平台和养殖业企业都积极保证服务质量的前提下,种植业企业可获得收益 Q_{y1};若养殖业企业选择不参与循环型农业项目,则不能保证之后循环型农业产业的质量,种植业企业获得收益 Q_{y2}(明显有 $Q_{y2} < Q_{y1}$),之后得到养殖业企业 C_{x5} 的补偿。

假设6:农业服务业企业恒定参与农业循环经济,作为博弈主体之一,其在粪肥加工销售等过程中,有正常的经济收益 e(包含养殖业企业处理粪肥支付的部分成本和种植业企业使用粪肥支付的部分价格)。

基于上述假设,可以构建如表3所示的非对称演化博弈模型的支付矩阵。

表3 循环型农业产业主体间的博弈矩阵

博弈行为		主体	种植业企业参与 b	种植业企业不参与 $1-b$
政府支持 z	养殖业企业参与 a	养殖业企业	$R_x - C_{x1} + P$	$R_x - C_{x1}$
		种植业企业	$Q_{y1} - P$	0
		政府	$R_z - C_{z1}$	$R_z - C_{z1}$
		农业服务业企业	e	0
	养殖业企业不参与 $1-a$	养殖业企业	$-C_{x2} - C_{x3} - C_{x4} - C_{x5}$	$-C_{x2} - C_{x3} - C_{x4}$
		种植业企业	$Q_{y2} - P + C_{x5}$	0
		政府	$R_z - C_{z1} + C_{x4}$	$R_z - C_{z1} + C_{x4}$
		农业服务业企业	0	0

续表

博弈行为		主体	种植业企业参与 b	种植业企业不参与 $1-b$
政府沉默 $1-z$	养殖业企业参与 a	养殖业企业	$P + R_x - C_{x1}$	$R_x - C_1$
		种植业企业	$Q_{y2} - P + C_{x5}$	0
		政府	$-C_{z2}$	$-C_{z2}$
		农业服务业企业	e	0
	养殖业企业不参与 $1-a$	养殖业企业	$P - C_{x2} - C_{x3} - C_{x5}$	$-C_{x2} - C_{x3}$
		种植业企业	$Q_{y2} - P + C_{x5}$	0
		政府	$-C_z$	$-C_z$
		农业服务业企业	0	0

利用上述博弈矩阵分别计算博弈各方的收益情况。在循环型农业产业中的养殖业企业，是生产废弃物的一方，当企业选择积极参与农业循环经济时有期望收益 E_{x1}，选择不参加时期望收益为 E_{x2}，于是养殖业企业的平均期望收益可以表示为：$E_x = x E_{x1} + (1-x) E_{x2}$，复制动态方程为 $f(x)$，如式（10）。

$$f(x) = \frac{dx}{dt} = x(E_{x1} - E_x) = x(1-x)(E_{x1} - E_{x2})$$
$$= x(1-x)[R_x - (C_{x1} - C_{x2}) + C_{x3} + z C_{x4} + y C_{x5}]$$

（10）

对于种植业企业而言，选择参与农业循环经济是指对养殖业废弃物进行资源化利用，选择积极参加农业循环经济时有期望收益 E_{y1}，选择不参加时期望收益为 E_{y2}，因此种植业企业的平均期望收益可以表示为 $E_y = y E_{y1} + (1 - $

y) E_{y2},复制动态方程为:

$$g(y) = \frac{dy}{dt} = y(E_{y1} - E_y) = y(1-y)(E_{y1} - E_{y2})$$
$$= y(1-y)[x(Q_{y1} - Q_{y2} - C_{x5}) + Q_{y2} - P + C_{x5}]$$
(11)

对于政府而言,当政府采取积极手段实施农业循环经济,提供政策资金支持循环型农业产业发展时,其期望收益为 E_{z1},而保持沉默态度时期望收益为 E_{z2},于是政府平均期望收益为 $E_z = zE_{z1} + (1-z)E_{z2}$,复制动态方程为:

$$p(z) = \frac{dz}{dt} = z(E_{z1} - E_z) = z(1-z)(E_{z1} - E_{z2})$$
$$= z(1-z)[R_z - (C_{z1} - C_{z2}) + (1-x)C_{x4}] \quad (12)$$

对于农业服务业企业而言,只要期望收益 $e > 0$,其参与农业循环经济的概率为 m ($m = 1$),而不参与循环农业的概率是0,期望收益是0。于是农业服务业企业有平均期望 $E_q = e$,复制动态方程为:

$$Q(m) = e \quad (13)$$

根据上文,可构建动态方程系统:

$$\begin{cases} f(x) = x(1-x)[R_x - (C_{x1} - C_{x2}) + C_{x3} + zC_{x4} + yC_{x5}] \\ g(y) = y(1-y)[x(Q_{y1} - Q_{y2} - C_{x5}) + Q_{y2} - P + C_{x5}] \\ p(z) = z(1-z)[R_z - (C_{z1} - C_{z2}) + (1-x)C_{x4}] \\ Q(m) = e \end{cases} \quad (14)$$

三 各方演化博弈模型的稳定性分析

基于上文已构建的循环型农业产业内多主体博弈的复制动态方程,我们尝试对各方演化博弈模型的稳定性进行分析，对养殖业企业复制动态方程 $f(x)$ 进行分析，不难得知，当且仅当 $z = \dfrac{(C_{x1} - C_{x2}) - C_{x3} - R_x - yC_{x5}}{C_{x4}}$ 时，有 $f(x) = 0$，说明此时无论养殖业企业选择参加还是不参加，其博弈行为是均衡稳定的状态，即企业不会改变自己的策略选择。

而当 $z \neq \dfrac{(C_{x1} - C_{x2}) - C_{x3} - R_x - yC_{x5}}{C_{x4}}$ 时，可以推出当且仅当 $x = 1$ 或 $x = 0$ 时，有 $f(x) = 0$，说明在这两个均衡点时，养殖业企业会坚持自己的策略选择。这也从正面印证了对于养殖业企业来说，初始契约的达成尤为关键，企业一旦形成了初始契约选择，就会直接投入成本，不会轻易改变自己的策略。

对 $f(x)$ 进行求导，即 $\dfrac{\mathrm{d}f(x)}{\mathrm{d}x} = (1 - 2x)[R_x - (C_{x1} - C_{x2}) + C_{x3} + zC_{x4} + yC_{x5}]$，由于演化稳定策略（evolutionary stabilization strategy，ESS）具有抗扰动特征，因此 $\dfrac{\mathrm{d}f(x)}{\mathrm{d}x} < 0$。若假设 $t_1 = (C_{x1} - C_{x2}) - (R_x + C_{x3})$，本书则可以考虑 $z \neq \dfrac{t_1 - yC_{x5}}{C_{x4}}$ 的情况，不难得知，$C_{x4}, C_{x5} > 0$，则 $-yC_{x5}$ 表示对种植业企业的补偿力度。由此可见，关注 $t_1 = (C_{x1} - C_{x2}) - (R_x + C_{x3})$ 即可。上述假设已经明确了养殖业企业参与农业循环经济综合成本大于不参与农业循环经济的成本，而养殖业企业积极参与农业循环经济的正外部性和不参与农业循环经济的负外部性理论上均需要取正值，即 $R_x + C_{x3} > 0$ 恒成立。故在养殖业企业是否参与农业循环经济的演化博弈中，企业积极参与农业循环经济获得的额外收益与不参与农业循环经济按照传统模式生产的成本之间的绝对差值决定了企业的决策。当养殖业企业参与农业循环经济所需要投入的处理生产废弃物的总成本 C_1 小于不参与农业循环经济所需要投入的处理生产废弃物的总成本 C_2，政府会有积极的策略促进初始契约的签订；在 $C_1 > C_2$ 的情况下，则考虑养殖业企业参与农业循环经济可能获取的正外部性即获得无形收益 R_c 与养殖业企业不参与农业循环经济可能导致的企业的负外部性 C_3 都取正数，则 $R_c + C_3 > 0$ 成立。因此，对于养殖业企业来说，企业参与农业循环经济的博弈决策主要取决于企业参与农业循环经济和不参与农业循环经济所投入的处理生产废弃物的总成本绝对差值与企业参与农业循环经济与否的正外部性和负外部性的比较。

情景（1），在 $z > \dfrac{t_1 - y C_{x5}}{C_{x4}}$ 的情况下，$\dfrac{df(x)}{dx}\big|x=1 < 0$，$\dfrac{df(x)}{dx}\big|x=0 > 0$ 有平衡点 $x=1$，表示养殖业企业最终会趋向积极参与农业循环经济，并且可以抵抗相反策略的突变。

情景（2），在 $z < \dfrac{t_1 - y C_{x5}}{C_{x4}}$ 的情况下，$\dfrac{df(x)}{dx}\big|x=1 > 0$，$\dfrac{df(x)}{dx}\big|x=0 < 0$，有平衡点 $x=0$，表示养殖业企业选择不参与农业循环经济，并且可以抵抗相反策略的突变。

由于篇幅限制，此处不再推导种植业企业、政府的复制动态方程，与养殖业企业的推导思路相同，可推得平衡点 $y=1$ 表示种植业企业最后会趋向选择积极参与循环经济的策略；平衡点 $y=0$ 表示种植业企业最后会趋向选择不参与农业循环经济的策略，且有可以抵抗相反策略的突变。同理，由政府的复制动态方程可推得存在平衡点 $z = 1$ 表示政府最后会趋向选择积极参与农业循环经济的策略；平衡点 $z = 0$ 表示政府最后会趋向选择不参与农业循环经济的策略，且有可以抵抗相反策略的突变。农业服务业企业在 $e > 0$ 时恒定参与农业循环经济。

我们通过上述演化博弈模型的雅可比矩阵的局部稳定性分析得到各均衡点的稳定性，如表 4 所示。

表 4　均衡点的稳定性分析

均衡点 J	行列式	结果
$J(0, 0, 0)$	$R_x - C_{x1} + C_{x2} + C_{x3}, Q_{y2} - P + C_{x5},$ $R_z - C_{z1} + C_{z2} + C_{x4}$	稳定
$J(0, 0, 1)$	$R_x - C_{x1} + C_{x2} + C_{x3} + C_{x4}, Q_{y2} - P + C_{x5},$ $-(R_z - C_{z1} + C_{z2} + C_{x4})$	稳定
$J(0, 1, 0)$	$R_x - C_{x1} + C_{x2} + C_{x3} + C_{x5}, -(Q_{y2} - P + C_{x5}),$ $R_z - C_{z1} + C_{z2} + C_{x4}$	稳定
$J(1, 0, 0)$	$-(R_x - C_{x1} + C_{x2} + C_{x3}), Q_{y1} - P,$ $R_z - C_{z1} + C_{z2}$	稳定
$J(1, 1, 0)$	$-(R_x - C_{x1} + C_{x2} + C_{x3} + C_{x5}), -Q_{y1} + P,$ $R_z - C_{z1} + C_{z2}$	稳定
$J(1, 1, 1)$	$-(R_x - C_{x1} + C_{x2} + C_{x3} + C_{x4} + C_{x5}),$ $-Q_{y1} + P, -(R_z - C_{z1} + C_{z2})$	稳定
$J(1, 0, 1)$	$-(R_x - C_{x1} + C_{x2} + C_{x3} + C_{x4}), Q_{y1} - P,$ $-(R_z - C_{z1} + C_{z2})$	稳定
$J(0, 1, 1)$	$R_x - C_{x1} + C_{x2} + C_{x3} + C_{x4} + C_{x5},$ $-(Q_{y2} - P + C_{x5}), -(R_z - C_{z1} + C_{z2} + C_{x4})$	稳定

第四章 循环型农业产业主体的契约履约行为分析

其雅克比矩阵对应的行列式为:

$$J = \begin{Bmatrix} (1-2x)[R_x - (C_{x1} - C_{x2}) + C_{x3} + zC_{x4} + yC_{x5}] & x(1-x)C_{x5} & x(1-x)C_{x4} \\ y(1-y)(Q_{y1} - Q_{y2} - C_{x5}) & (1-2y)[x(Q_{y1} - Q_{y2} - C_{x5}) + Q_{y2} - P + C_{x5}] & 0 \\ -z(1-z)C_{x4} & 0 & (1-2z)[R_z - (C_{z1} - C_{z2}) + (1-x)C_{x4}] \end{Bmatrix}$$

综上所述,循环型农业产业的参与主体在假定条件下有两种演化状态——发展农业循环经济、维持原来的生产方式。在现实生产中,不完全契约的博弈方每一次决策都会基于每一次博弈收益的不同而发生变化,同时也受外部环境变化的影响,即外部不确定性因素的存在影响博弈方的最终决策。接下来结合仿真分析方法来进一步研究循环型农业产业中各主体的演化过程。

四 Matlab 多主体仿真分析

为了更加直观地分析不同假设条件和参数赋值情况下循环型农业产业中各博弈方的渐进稳定运行轨迹,本书使用 Matlab R2018b 进行数值仿真。设定政府、种植业企业和养殖业企业三方参与农业循环经济的初始概率均为 0.5,各相关参数的取值范围为:$C_{x1} = 5$,$C_{x2} = 4.5$,$C_{x3} = 3.5$,$C_{x4} = 2$,$C_{x5} = 3$,$P = 5$,$Q_{y2} = 8$,$Q_{y1} = 9$,$C_{z1} = 6$,$C_{z2} = 3.6$,$R_x = 3.5$,$R_z = 4$,借助软件可得到如图 2 所示的系统演化路径。

如图 2 所示,x、y、z 分别代表养殖业企业选择参与农业循环经济、种植业企业选择参与农业循环经济和政府支持农业循环经济时的初始概率。当三方均以 0.5 的概率进行初始决策时,养殖业企业在三方博弈中处于主导地位,养殖业企业一旦决定参与农业循环经济,会快速在 0.5 周期

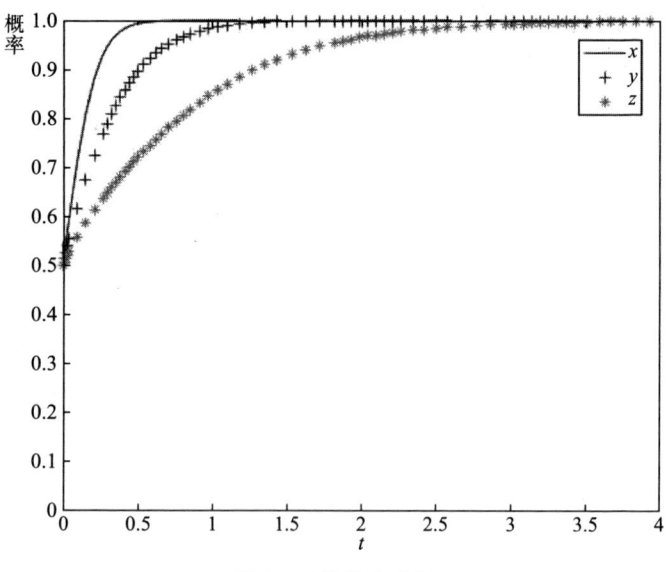

图2 系统演化路径

内达到稳定策略。随着时间的演进,种植业企业紧随养殖业企业参与到循环型农业产业中来,在1.5周期内达到稳定策略,政府的支持策略紧随其后,在 $t=3$ 时达到稳定策略。

在保持初始概率不变的情况下,参数的取值范围为:$C_{x1}=5$,$C_{x2}=4.5$,$C_{x3}=3.5$,$C_{x4}=2$,$C_{x5}=3$,$Q_{y2}=5$,$Q_{y1}=6$,$C_{z1}=6$,$C_{z2}=3.6$,$R_x=3.5$,$R_z=4$ 不变,对种植企业的参数进行赋值调整,分别取 $P=7$、6、5,得到如图3所示的系统演化路径。

如图3所示,在种植业企业的成本 $P>Q_{y1}>Q_{y2}$ 的情况下,种植业企业参与循环型农业产业的概率就会从0.5逐步减弱至0,并快速在 $t=4$ 周期内达到完全退出状态。但当种植业企业的成本在预期收益中间波动的时候,即在

（a）$P=7$条件下的轨迹

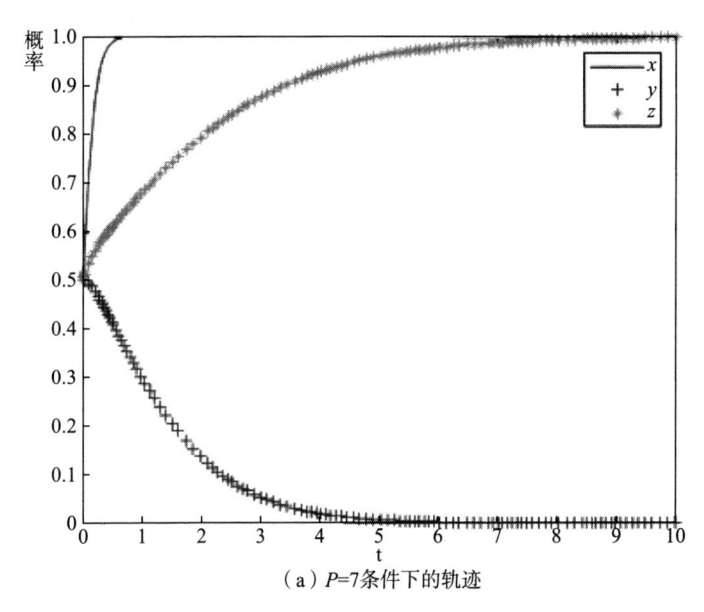

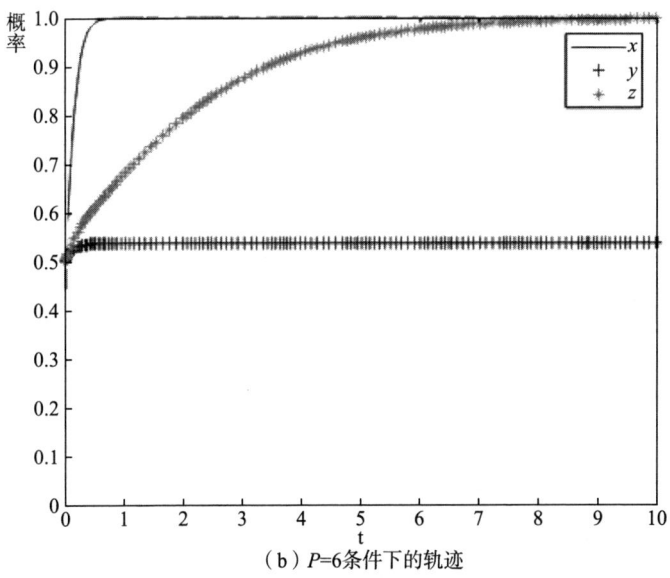

（b）$P=6$条件下的轨迹

（c）P=5条件下的轨迹

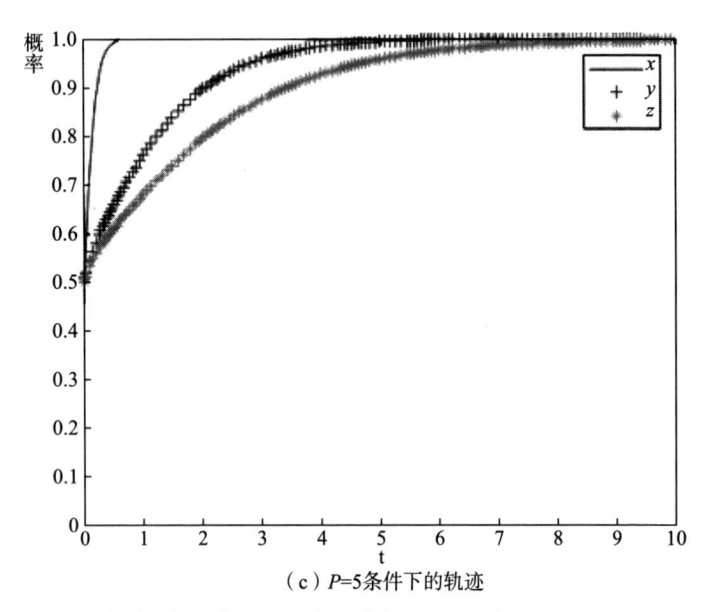

图3　种植业企业成本变动条件下的系统演化路径

$Q_{y1} > P > Q_{y2}$ 的情况下，种植业企业参与循环型农业产业的状态会在积极和消极之间摇摆，处于观望状态。只要出现 $Q_{y1} > Q_{y2} > P$ 的情况，种植业企业就会积极参与循环型农业产业。在动态博弈中，种植业企业参与农业循环经济的意愿，完全取决于成本和预期收益之间的差异，种植业企业在收益和成本上有着较为理性的思考和判断，一旦预期收益可观，就会跟随养殖业企业参与到农产品的废弃物循环利用体系中来。

在保持初始概率不变的情况下，我们将参数的取值范围限定为：$C_{x1}=5$，$C_{x2}=4.5$，$C_{x3}=3.5$，$C_{x4}=2$，$C_{x5}=3$，$P=5$，$Q_{y2}=8$，$Q_{y1}=9$，$C_{z1}=6$，$C_{z2}=3.6$，$R_x=3.5$，R_z 值分别取 $R_z=3$、4，得到如图4所示的系统演化路径。

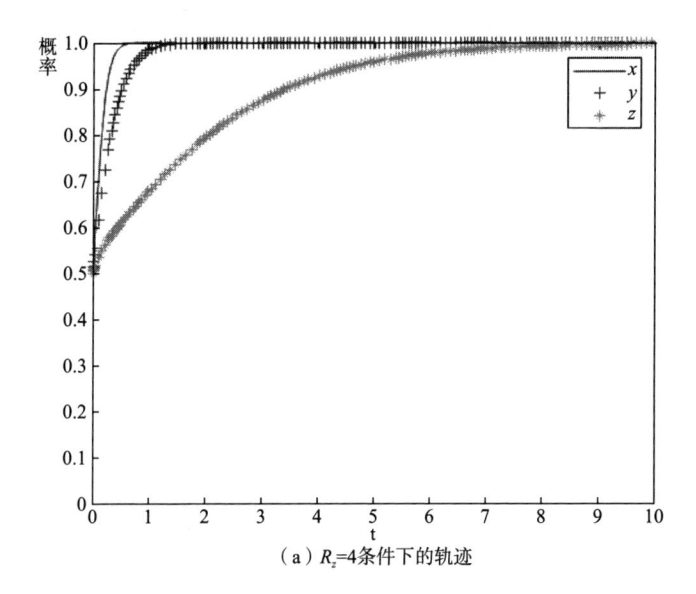

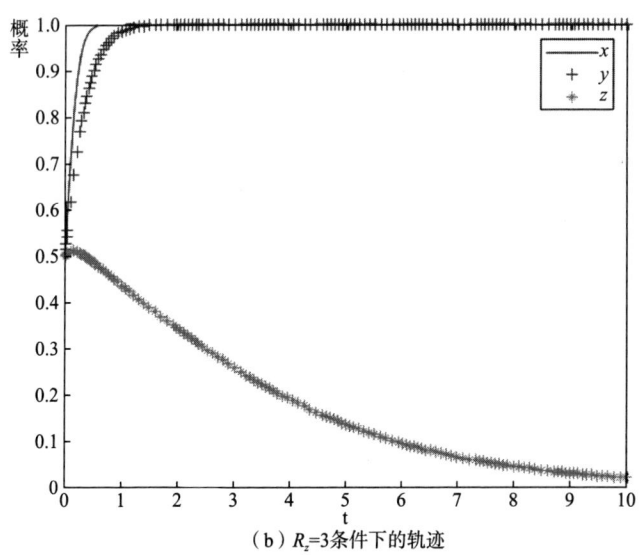

第四章 循环型农业产业主体的契约履约行为分析

(a) $R_z=4$条件下的轨迹

(b) $R_z=3$条件下的轨迹

图 4 政府环境效益变动条件下的多主体系统演化路径

有悖于前文将循环型农业产业体系中不完全契约的初始契约的成立主观设定为政府主导的观点,从图4中的演化博弈动态路径可以看出,政府参与农业循环经济的意愿完全取决于养殖业企业参与农业循环经济所带来的环境效益的波动。如图4所示,在 $R_z>C_{z2}>R_x$ 的情况下,政府参与循环型农业产业的意愿逐渐从积极趋于稳定,但基本上要到 $t=7$ 期才会稳定下来,即政府在多主体的演化博弈中会做出比较理性的思考和判断,政府通过观察种植业企业和养殖业企业在循环型农业产业运行中的行为为环境绩效带来的效益高低来决定是否参与农业循环经济,并且一旦环境效益低于环境成本,政府会采取消极的策略应对农业循环经济。无论环境效益如何波动,养殖业企业和种植业企业的博弈行为几乎不受政府策略的影响,也印证了循环型农业产业体系的运行,主要由产生农业废弃物的经济主体推动。

本章小结

根据前文对循环型农业产业运行中各经济主体的不完全契约理论分析、博弈模型分析和演化博弈仿真分析,可以发现循环型农业产业由相关经济主体在不完全契约中的博弈行为推动,并通过博弈的自我履约行为来最终实现循环型农业产业的发展,主要结论和启示如下。

(1)产生废弃物的产业主体在循环型农业产业发展中占据主导地位。以养殖业企业产生的粪便等农业废弃物的资源化利用为核心的农业循环经济系统,养殖业企业在其中占据主导地位。养殖业企业一旦选择参与农业循环经济，就不会轻易退出。养殖业企业如果一开始没有参与农业循环经济，在政府的投资鼓励和环境处罚约束下，其会积极向农业循环经济模式转变。养殖业企业在循环型农业产业中作为产生农业废弃物的一方，由于专用性投资从而占据了剩余控制权，并引领相关主体达成契约，这种主导地位印证了资产专用性投资对剩余控制权的占有具有重要作用。

（2）废弃物资源化利用过程需要关注经济性。基于养殖业企业、种植业企业、政府等相关主体在循环型农业产业中形成的相关利益，可将影响循环型农业产业形成的因素概括为：养殖业企业对生产废弃物采用循环经济处理模式的意愿、种植业企业使用养殖业企业废弃物资源化产品所带来的预期收益与成本之间的差异、农业生产主体参与循环经济模式后带来的环境效益与环境成本之间的差异。基于这些因子，我们提出循环型农业产业的发展，要注重降低废弃物资源化产品的交易成本、农业生产过程中产生的废弃物带来的环境成本，以及提高农业循环经济模式下的环境效益。只有在废弃物资源化产品的单向交易成本低、循环经济模式下对环境带来的效益高的情况下，才能实现废弃物资源化利用的经济性，才能促使相关主体积极参与到循环型农业产业中来，促进循环型农业产业的稳定运行和发展。

（3）交易成本是循环型农业产业发展的重要影响因素。除了本身要关注相关经济主体之间通过废弃物资源化产品的交易所产生的直接交易成本外，还要关注在循环型农业产业中的交易费用。养殖业企业参加农业循环经济带来的环境效益大于为处理环境问题而支付的成本时，会促使政府积极参与到循环型农业产业中来。在产业运行中，政府可以通过补贴或奖励的方式弥补交易成本，从而推动产业主体参与到循环型农业产业中来。农业服务业企业需要有恒定的收益，才会参与到循环型农业产业中来。农业服务业企业的收益取决于种植业企业、养殖业企业单方或者双方共同支付的产品或服务的价值，这也是交易费用的一部分。只有种植业企业通过使用资源化产品带来了成本节约或者获得了额外收益，其才有意愿支付这部分交易费用。只有整体产业体系内生产成本和交易费用总和最小，才能实现交易费用的降低。只有维持循环型农业产业运行总交易费用降低，从而带来循环型农业产业整体经济绩效增长，才能推动循环型农业产业的稳定运行和发展。

第五章　循环型农业产业交易费用与经济绩效

上一章主要分析循环型农业产业中经济主体间的契约不完全性，发现交易费用对循环型农业产业的形成和运行具有至关重要的作用。不完全契约履约过程中，市场主体的演化博弈策略变化解释了交易费用直接决定微观经济主体参与循环型农业产业的决策，并影响着循环型农业产业的运行效率。在交易费用影响农业经济增长的研究中，有计量结果表明交易效率和资源配置效率在我国农业制度演进过程中对经济增长有着重要的贡献，其中交易效率的改善对经济增长的贡献率约为48%，反映了交易费用对农业经济增长的影响（杨小凯，1992）。在新制度经济学理论中，由一系列契约构成的交易活动被看作构成经济制度的基本单位，交易费用作为"经济系统的运行费用"也被形象地比喻为"经济世界中的摩擦力"（威廉姆森，2000），但交易费用整体是一个"大而化之"的概念（聂辉华，2004），难以进行精准的测量。威廉姆森在《资本主义的经济制度》一书中，从"资产专用性、不确定性和发生的频率"三个维度解释了产业的交易属性，并用广告费用和R&D投入来度量了资产专用性（威廉姆森，1985）。"产业特性"也被作为一个约束条件，引用到我国农业经济发展变迁的研究中，相关学者从专业性、风险性和规模性三个方面建立了产业特性、交易费用与经济绩效的逻辑框架，解释了中国农业经济绩效的变迁，并指出产业特性的转变引起交易费用的差异从而导致了相同的经济行为在不同的交易费用下产生不同的经济绩效（何一鸣、罗必良，2011）。

因此，本章将从交易费用理论的视角，探讨循环型农业产业发展过程中，循环型农业产业特征与交易费用的关系，并试图构建一个理论框架来解释循环型农业产业的发展。本章选取四川省县域农业经济面板数据，从资产专用性、风险性和规模性三个维度开展计量分析，解释和度量交易费用的差异及其与经济绩效之间的关系。

第一节 产业特征、交易费用与经济绩效的逻辑框架

在交易成本经济学理论中，交易成本的权衡是企业选择市场还是企业组织形式的关键（科斯，1937），而生产的纵向一体化战略的研究，从专用性投资、不完全契约、外部性、信息处理效应和制度适应等方面解释了市场失灵，提出了企业不仅是一种生产函数，也是一种治理结构，指出了企业与市场的边界（威廉姆森，1971）。本节结合交易成本经济学的理论，以及威廉姆森（1985）在《资本主义经济制度》一书中对经济组织的交易属性进行刻画时提出的"资产专用性、不确定性和发生的频率"三个维度和何一鸣等（2011）提出的"专用性、风险性和规模性"三个产业特性，探讨循环型农业产业的产业特性与交易费用。

一　资产专用性与交易费用

资产专用性是指在不牺牲生产价值的条件下，资产可用于不同用途和由不同使用者利用的程度（聂辉华，2004）。专用性意味着资产的权利如果从一种用途转移到其他用途时，其价值会减少。资产专用性越强，资产转为他用时价值就越低。在循环型农业产业中，我国畜牧业占比最大的生猪养殖业每年要产生大约38亿吨粪便，其被诟病为农村自然环境污染的根源，这其实是"放错了的资源"（包维卿等，2018），这些粪便能够转化成种植业所需要的生产资料（肥料），生产价值巨大。相关资料显示，1吨猪粪尿相当于硫酸铵17千克，过磷酸钙21千克，硫酸钾10千克。[①] 按理论计算，如果我国生猪养殖业所产生的粪便全部用于种植业，一年可以替代近2亿吨的肥料。如果畜牧业的粪肥不能转化为肥料用于种植业生产，则暂时没有其他用途。粪便的这种"肥料专用性"会导致粪便的产权束被"套牢"在"肥料"这一用途上。随着我国环境保护规制趋紧，养殖业废弃物的达标排放要求促使着畜牧业向着绿色生产方式转型。对于养殖业主体来说，其需要对应的种植业主体来交易这些"肥料"，以确保生产废弃物能被合理利用从而不产生环境污染。

在交易过程中，养殖业企业更容易被交易一方的机会主义行为"要挟"。因此在交易前，需要针对废弃物的资源化利用进行长期性的投资，以满足交易一方的需求。在循环型农业产业中，种植业企业为了能便利地使用养殖粪肥，一般

[①] 《各种不同的粪肥所含的氮磷钾含量是多少？》，搜狐网，https://www.sohu.com/a/345075454_120136650，2019年10月5日。

会要求养殖业企业提供可便捷获得粪肥的辅助生产设施，包括蓄粪池、田间管道、高压泵等。从交易费用的角度来说，养殖业企业一方需要新增加事前的交易成本，种植业企业可能会获得低于使用同等价值的肥料所耗用的交易费用。

由于生产废弃物的资产专用性的差异和变化，在不同的区域范围和不同的模式下，相关主体产生的交易费用也不同。例如，基于就近处理原则所建立的农业循环经济，养殖业主体和种植业主体之间相互使用和消纳废弃物资源所需要投入的成本相对较少，交易费用也偏低。总之，循环型农业产业中的资产专用性较高，交易的一方容易被对方的机会主义行为"要挟"，再加上废弃物资源化的产权难以分割，且交易性偏弱，导致交易难度大，代价也越高，相同的经济行为在不同的交易费用约束下所产生的经济绩效也有差异。

二 不确定性与风险性

不确定性表现的是由自然或人为的原因造成的环境状况变动从而导致资源的预期使用水平的扰动（聂辉华，2011）。它包括偶然事件的不确定性、信息不对称的不确定性、预测或行为的不确定性等。换言之，不确定性意味着风险。在循环型农业产业中，产业主体通过签订契约来约束经济行为从而实现废弃物的资源化利用，如上一章节所述，不确定性的存在直接导致契约的不完全性。这种不确定性必然导致循环型农业产业中的不同主体在不同时期在预期之外增加或减少交易费用。例如，生产技术的改进可能节约生产制造过程或废弃物回收过程中所需要的劳动力成本、废弃物含量的变化可能导致资源化利用过程中产生额外的治理成本，等等。因此，循环型农业产业运行中存在的不确定性，必然导致循环型农业产业交易费用的差异和经济绩效的差异。经济主体通常会主动采取行动来规避交易活动中可能存在的风险，行为人也可能通过获取更多信息来减少不确定性并加强对资源的占有和控制程度，这些行为都会产生费用。不确定性越高，风险性越大，交易费用也就越高。因此，风险性也被学者用来刻画交易费用的一个属性并用于解释交易的不确定性（何一鸣、罗必良，2011）。风险通常由产出的方差或标准差来表示，尤其在金融领域已经形成成熟的风险评估体系（刘金霞，2004）。

三 交易频率与交易规模

交易频率是指交易发生的次数，其通过影响交易费用进而影响交易方式（沈满红、张兵兵，2013）。交易费用也影响交易频率和交易规模（张五常，1999）。交易费用是经济绩效的一个决定性因素，从交易费用与GDP关系的研究结果来看，越不发达的国家交易费用占GDP的比重越高。循环型农业产业发展过程中，农业生产废弃物资源化利用是增加交易活动的一种行为，其发生的频率很高，因为产生废弃物是一个长期的过程。但这也取决于资源化利用的技术手段和技术水平，如果在技术上能够规模化实现废弃物的资源化利用，就能减少交易费用，从而降低交易发生的频率。换句话说，交易发生的频率越高，交易费用越高，经济绩效越低。因此规模化处理可以提高产业的经济绩效。也有学者从规模性这个角度来刻画产业的交易属性（何一鸣、罗必良，2011），并认为产业的规模性对产权的排他性的发挥会产生负效应（王洪涛，2004）。

　　根据交易费用理论的研究框架，循环型农业产业中依托农业生产废弃物所形成的专用性资产，在资源化利用的过程中可形成一定的产业规模，但资源化利用过程中的环境不确定性等因素，在循环型农业产业的运行过程中影响农业经济增长。经济增长通常意义上可以理解为经济效率的改进，在科斯定理中，当交易费用为零时可以有最优产出，即交易费用在真实的经济世界中对经济绩效的变化具有决定性的作用（聂辉华，2004）。经济绩效通常被认为是一个可观察的概念，通过要素投入来提供最大的社会产出，也就是在同等要素投入和交易费用的情况下，社会产出越大，经济绩效越高；同样在相同要素投入和社会产出情况下，交易费用越低，经济绩效越高（王耀光，2013）。经济学在评价一项经济制度安排的时候通常以帕累托改进为标准，即提高了效率的经济制度安排才是更好的。农业循环经济理论与实践研究表明：以农业生产废弃物资源化利用为主的循环型农业通过资源节约的方式可以实现产业链整体的帕累托改进；循环型农业产业相关利益主体在帕累托改进的情况下以环境规制和直接成本效益相结合的均衡策略最终实现社会整体福利的增加（王芳等，2013）。

　　结合上述循环型农业产业特征与交易费用的分析可知，相同的经济行为将在不同的交易费用约束下产生不同的社会产出和经济绩效。如前所述，以项目供给为主的政府契约是通过专用性投资来激励产业主体参与农业循环经济，专用性投资是一种有效的自我履约机制，同时也发挥了激励作用，降低了产业主体参与农业循环经济的成本。

产业主体之间更多依靠降低交易费用、遵循主体效用最大化原则推动契约履约。项目内契约履约是以政府的项目供给为条件实现一次性履约，养殖业、种植业与农业服务业主体之间则重复履约，从而实现畜禽粪肥资源化产品的生产和消费；通过各方交易成本的降低和经济收益的增加实现整体产业链的社会产出最大。由此形成循环型农业产业特性与交易费用和经济绩效之间的逻辑框架（见图1）。

图1　产业特性－交易费用－经济绩效的逻辑框架

第二节　数理模型与理论假说

依据何一鸣和罗必良（2011）对交易费用的测量方法，资产专用性、风险性和规模性都是交易费用的增函数，经济绩效是资产专用性、风险性和规模性的泛函数，我们可以使用下列数理函数表示经济绩效与交易费用之间的关系：

$$Y_t = g(TC_t) = g[f(Sp_t, Ri_t, Sc_t)]$$

$$\frac{\partial Y_t}{\partial Sp_t} = \frac{\partial Y_t}{\partial TC_t}\frac{\partial TC_t}{\partial Sp_t} < 0, \frac{\partial Y_t}{\partial Sc_t} = \frac{\partial Y_t}{\partial TC_t}\frac{\partial TC_t}{\partial Sc_t} < 0, \frac{\partial Y_t}{\partial Ri_t} = \frac{\partial Y_t}{\partial TC_t}\frac{\partial TC_t}{\partial Ri_t} < 0$$

其中，经济行为过程中考虑交易费用 TC_t 后的总产出水平 Y_t 即经济绩效，交易费用测量的三个维度分别是资产专用性、风险性和规模性，TC_t 为 t 期的交易费用，

Sp_t 表示 t 期的资产专用性,Ri_t 表示风险性,Sc_t 表示规模性。根据上述变量关系,可以提出假说:

资产专用性、风险性和规模性均对经济绩效具有负效应。

数据包络分析(DEA)方法作为一种运筹学范畴的系统分析方法被广泛应用于评价生产效率。这种方法是将决策单元(DMU)投影到 DEA 的前沿面上,经过比较决策单元偏离 DEA 前沿面的程度来判断其相对有效性,是利用投入产出数值来估计决策单元的有效性,并在此基础上对多目标综合效率的效果进行评价的一种方法(魏权龄,2004)。DEA 有两种研究模型,一种是规模效益可变的 BCC 模型,另一种是规模效益不变的 CCR 模型。本书根据相关学者的研究经验(江激宇等,2019),选择采用规模效益不变的 CCR 模型来进行农业经济效率的计算。

假设有 n 个经济单位即决策单元,每个决策单元都有 m 个输入变量 X_j 以及 n 种输出变量 Y_j [$X_j = (x_{1j}, x_{2j}, \ldots, x_{mj})$,$Y_j = (y_{1j}, y_{2j}, \ldots, y_{nj})$,$j = 1, 2, \ldots, n$],$\theta$ 则代表该决策单元的有效程度,λ_j 表示决策单元有效时投入与产出之间的比例,则 CCR 模型的对偶规划可以表示为:

$$\begin{cases} \min \theta \\ \sum_{j=1}^{m} X_j \lambda_j \leq \theta X_0 \\ \sum_{j=1}^{n} Y_j \lambda_j \geq Y_0 \\ \lambda_j \geq 0 \end{cases}$$

第三节　实证分析与检验

一　变量选取与数据来源

四川省是我国的农业大省，也是西部农业强省，下辖21个市（州）183个县（市、区），2019年农林牧渔业总产值达7889.3亿元，位居全国第三，仅在山东、河南之后。自2005年国家推进农业循环经济发展以来，四川省政府高度重视，通过采取农业废弃物循环利用和加强环境保护等措施，农业循环经济取得了较好的发展，目前已经建立了多个国家级和省级生态农业县和生态区（何鹏等，2018；郭耀辉等，2018）。县域是我国区域经济的基本组成单元，更是农业经济的重要载体，以县域为单位研究循环型农业产业更能贴切反映研究问题。本书基于《中国县域统计年鉴（县市卷）》和《四川统计年鉴》，选取了四川省2007～2018年140个农业县的面板数据，来分析四川省农业循环经济的发展绩效。

本书选取农业从业人数、农作物总播种面积、农业机械总动力、肥料施用量①作为投入变量，以第一产业增加值作为产出变量，采用数据包络分析的非参数方法计算经济效率。本书采用何一鸣等（2011）对效率损失的解释，用（1－经济效率）表示效率损失值，即农业资源配置的效率损失，也就

---

① 本书"肥料施用量"是在"化肥施用量"数据的基础上，对按各县域肉猪出栏头数、排泄系数、饲养周期、综合利用率数据综合测算得到。

是交易费用。用 DEA 方法将经济效率分解成纯技术效率和规模效率。风险性采用加权移动平均系数法计算,参照有关文献中采用三年时滞方法分别取 0.6、0.25、0.15 的权重来评估(刘金霞,2004),各相关变量定义如表 1 所示。

表 1 变量定义与解释

变量	符号	定义
产出/经济绩效	Y	第一产业增加值(万元)
投入要素		农业从业人数(万人)、农作物总播种面积(千公顷)、农业机械总动力(万千瓦)、肥料施用量(万吨)
交易费用	TC	1 - 经济效率
资产专用性	Sp	单位播种面积的肥料施用量的变动率
规模性	Sc	1/规模效率
风险性	Ri	通过粮食产量的移动加权平均法计算

基于上述对产业特征与交易费用的表述,我们选取单位播种面积的肥料施用量的变动率代表循环型农业产业的资产专用性,表示肥料投入到农业循环经济中而不会改作其他农业用途。

二 面板单位根检验与协整检验

本书使用 Stata15 软件来进行计量分析,在数据回归之前我们将面板数据进行单位根检验和协整检验。面板单位根检验结果如表 2 所示,可以发现各变量都存在单位根,且一阶差分变量都是平稳的。

本书选取的时间序列为 2007~2018 年,为了检验变量在长期是否存在均衡关系,还需要对变量进行协整检验。

表 2　面板单位根检验结果（含截距和趋势项）

检验方法	LLC 检验		IPS 检验		Breitung 检验		HT 检验		Hadri 检验	
变量	统计值	伴随概率	统计值	伴随概率	统计值	伴随概率	统计值	伴随概率	统计值	伴随概率
Y	-21.5251	0.0000	1.9999	0.9772	23.0379	1.0000	0.6203	0.0000	14.6319	0.0000
ΔY	-17.1177	0.0000	-12.0001	0.0000	-13.5066	0.0000	-0.5167	0.000	9.0579	0.000
TC	8.0104	1.0000	18.3760	1.0000	15.6719	1.0000	0.7336	0.0364	12.2722	0.0000
ΔTC	-4.9291	0.0000	-4.2329	0.0000	-10.4299	0.0000	-0.3077	0.000	13.1611	0.0000
Ri	-16.2715	0.0000	-0.6284	0.2649	-8.7850	0.0000	0.5373	0.000	13.8780	0.0000
ΔRi	-29.3745	0.0000	-29.0970	0.0000	-7.4252	0.0000	-0.4298	0.0000	10.4325	0.0000
Sc	-13.8076	0.0000	-1.3412	0.0899	2.8393	0.9977	0.6813	0.000	15.1197	0.0000
ΔSc	-24.9546	0.0000	-1.3932	0.0818	-9.5689	0.0000	-0.2826	0.0000	9.2106	0.0000
Sp	-22.8460	0.0000	-7.8777	0.0000	-10.7799	0.0000	-0.0791	0.0000	4.7398	0.0000
ΔSp	-16.7413	0.0000	-12.6656	0.0000	-12.9115	0.0000	-0.4792	0.0000	5.7320	0.0000

注：最大滞后阶数为 5。

本书采用 E-G 两步检验法，检验结果如表 3 所示。结果显示，Y 和 TC 之间存在协整关系。

表 3　Y 与 TC 的面板协整检验结果（含截距和趋势项）

检验方法	检验假设	统计量名	统计量值	伴随概率
Pedroni 检验	$H0$：不存在协整	Modified Phillips-Perron t	-16.0556	0.0000
		Phillips-Perron t	-12.6569	0.0000
		Augmented Dickey-Fuller t	-23.6316	0.0000
	$H0$：不存在协整	Modified Phillips-Perron t	12.8368	0.0000
		Phillips-Perron t	-9.4160	0.0000
		Augmented Dickey-Fuller t	-23.8862	0.0000

注：最大滞后阶数为 3。

此外，本书还采用 Westerlund 检验和 Kao 检验方法分别检验 Ri、Sc、Sp 与 TC、Y 之间的协整关系，结果分别如表 4、表 5 和表 6 所示。

表 4　Ri 和 TC、Y 的面板协整关系检验结果（含个体截距项）

检验方法	Westerlund 检验		Kao 检验	
原假设	统计值	伴随概率	统计值	伴随概率
Ri 和 TC 不存在协整关系	-4.0943	0.0000	-2.0503	0.0202
Ri 和 Y 不存在协整关系	-10.3797	0.0000	-3.6909	0.0001

表 5　Sc 和 TC、Y 的面板协整关系检验结果（含个体截距项）

检验方法	Westerlund 检验		Kao 检验	
原假设	统计值	伴随概率	统计值	伴随概率
Sc 和 TC 不存在协整关系	-3.0281	0.0012	5.5445	0.0000
Sc 和 Y 不存在协整关系	-7.7194	0.0000	4.2400	0.0000

表6 Sp 和 TC、Y 的面板协整关系检验结果（含个体截距项）

检验方法	Westerlund 检验		Kao 检验	
原假设	统计值	伴随概率	统计值	伴随概率
Sp 和 TC 不存在协整关系	-5.6798	0.0000	-2.6306	0.0043
Sp 和 Y 不存在协整关系	-10.0512	0.0000	-4.1576	0.0000

根据检验结果可知，TC 与 Ri、Sc、Sp 之间在1%的显著水平上存在协整关系，Y 与 Ri、Sc、Sp 之间存在长期均衡的协整关系，可以将 TC 作为 Y 与 Ri、Sc、Sp 之间的代理变量。

三 误差修正模型估计与结果分析

在实际的经济生活中，短期变量可能会偏离长期均衡的状态，从而使得模型回归结果不精确，对此，我们运用 E-G 两步法，建立基于面板数据的误差修正模型来解释变量间的短期波动情况，增加模型的准确度。同时选取 ΔTC 作为三种产业属性增量的工具变量来解决内生性问题，并通过最小二乘法对模型进行回归，估计结果如表7所示。

表7 2SLS 方法下的面板误差修正模型估计结果

因变量	自变量		
	$\Delta Y(t)$	$\Delta Y(t)$	$\Delta Y(t)$
$\Delta Ri(t)$	-124367.4***	—	—
$\Delta Sc(t)$	—	-13260.94***	—
$\Delta Sp(t)$	—	—	-2314.593*
ECM $(t-1)$	0.099015***	0.113197***	0.359217***

续表

因变量	自变量		
	$\Delta Y(t)$	$\Delta Y(t)$	$\Delta Y(t)$
常数项	10983.03***	10663.63***	9467.47***
拟合系数	0.8248	0.7445	0.8701
Prob (F-statistic)	0.0000	0.0000	0.0000
Hausman 伴随概率	-9.48 (RE)	-15.25 (RE)	0.00 (FE)

注：*** 表示在1%的水平上显著，** 表示在5%的水平上显著，* 表示在10%的水平上显著；Hausman 检验选择相应估计形式，其中 FE 表示固定效应模型，RE 表示随机效应模型。

循环型农业产业特性由交易费用的资产专用性、风险性、规模性三个维度测量，由回归结果可知，其中风险性和规模性对经济绩效产生显著的负面影响，资产专用性对经济绩效产生的负面效应最小。

本章小结

新制度经济学认为，一项经济制度的经济绩效取决于制度安排、制度结构、制度环境和制度创新等多种因素，故而一种能降低交易费用的制度安排具有重要意义（阿兰·斯密德，2004；卢现祥、邱海洋，2006）。将微观经济学、宏观经济学与新制度经济学结合起来，可以构成现代经济学的一个完整体系（温思美，2001）。但在现实的经济世界中，难以从循环型农业产业形成的产业特征中去测量循环型农业产业的交易费用，故本书通过经济效率的损失来解释循环型农业产业交易费用的变动。本章通过四川省县域农业循环经济相关数据对循环型农业产业交易费用进行了测度，可以得出以下三个方面的结论。

（1）规模性对循环型农业产业绩效影响较大。规模性代表着产业规模，是循环型农业产业交易频率的一种体现。随着农业生产向集约化、规模化生产方式转变，循环型农业产业交易频率必将逐渐降低；规模性对循环型农业产业绩效的高负面影响，进一步印证了交易频率越高、交易费用越高、经济绩效越低的逻辑假说。要减少规模性对经济绩效的影响，就要提高循环型农业产业的规模化和集约化程度。

（2）风险性对循环型农业产业绩效影响明显。循环型农业产业本身就属于农业生产的范畴，产业特性中的不确定性衍生出的风险性对循环型农业产业的经济绩效影响尤为明显。对此，要从制度层面通过资源配置降低不确定性，从而降低农业产业风险。

（3）资产专用性与循环型农业产业绩效之间的负相关性偏低。资产专用性对交易费用的影响存在明显的内生性。从循环经济的物质流和能量流来分析，循环型农业产业是减少能量流失、增加物质产出的结果。因此，循环型农业产业的资产专用性从某种程度上可以增加农业经济产出，其与循环型农业产业绩效的负相关性比风险性和规模性的负面影响小得多。循环型农业产业的继续发展可能进一步降低资产专用性与经济绩效之间的负相关性，这有待持续跟踪分析。

第六章 循环型农业产业制度绩效

从上一章交易费用对循环型农业产业的经济绩效影响的研究中可以看出,循环型农业产业的不确定性对循环型农业产业经济绩效的负效应更大。诺斯(1973)提出,制度通过内部和外部两种强制力来约束人的行为,防止机会主义。制度可以通过减少交易后果的不确定性从而减少交易费用,实现经济增长(罗必良,2005)。我国农业循环经济制度体系的主要功能就是将循环经济的理念贯穿到经济制度中,从而实现以最少的社会资源解决相关问题,实现社会经济系统的有效运行。在中国农业制度的演进中,交易效率的改进对经济增长的贡献为48%,资源配置效率的改进对经济增长的贡献为52%(杨小凯,1992)。因此本章将从制度绩效出发,研究我国农业循环经济制度体系的形成对农业循环经济发展的效力,提出一个基于新制度经济学的制度行为与经济绩效的逻辑理论框架,并通过数据包络分析方法解读循环型农业产业发展过程中农业循环经济制度产生的作用机理。

第一节 循环型农业产业制度绩效的理论分析

诺斯在《制度、制度变迁与经济绩效》一书中提出,制度是理解政治和经济之间的关系以及这种相互关系对经济增长之影响的关键。他在考察人类社会不同发展阶段的制度与市场发展的关系中发现，是市场发展与制度变迁之间的互动关系，使得不同国家的经济绩效表现迥异。同时，他解释了制度安排在降低交易费用方面的作用，包括降低转型费用（聂辉华，2008）。经济增长与制度演进是社会动态发展中的一个互补过程，两者之间存在着互利共生的依存关系。马克思主义制度理论中提出生产力发展是制度变迁的根源，生产力发展必然带来人类社会的认知变化，即制度演进或者说制度变迁的动机来源于人类社会的信念体系，人类所处环境中的文化意识形态的外在表现是制度。由此，我们可以构建一个基于农业循环经济制度演进与经济绩效的理论分析框架。

在农业循环经济的理论与实践研究中，大量学者通过数据分析验证了农业循环经济的经济、生态和社会效益（杜红梅、傅知凡，2016；郭耀辉等，2018；陈红、王浩岩，2020）。首先，农业循环经济遵循减量化、再循环和再利用原则，通过减少生产要素的投入实现废弃物的资源化利用，使得能量和物质得到充分利用。从全要素生产率的角度来看，这些举措可以减少生产成本，增加农业生产的总体经济效益。农业循环经济还可以促进农业生产产量和质量的提升，经济效益明显。其次，农业循环经济遵循的是一种绿色生产模式，注重对农业环境的保护，通过对农业废弃物的资源化利用，还可以有效减少农业环境污染，改善农业生产环境；资源再利用的过程能减少生产要素投入，节约资源，大气污染物的排放也能得到一定的控制，生态环境效益明显。最后，从社会效益的角度出发，农业循环经济的发展必将促进整体社会文明的进步。在推广农业循环经济的过程中将生态文明的理念融入其中，通过农业循环经济技术推广促进整体农业生产技术进步，共同实现社会效益的提升。

我国农业循环经济制度产生和演进的动力来自对生态环境保护的要求和对环境污染行为的约束。随着我国社会经济不断发展，社会文明程度不断提升，粗放型经济增长方式带来的生态环境的压力改变着社会治理意识。政府职能在社会经济发展过程中，从只注重发展经济演变为推进包含经济建设和生态文明建设在内的"五位一体"总体布局，环境保护和产业发展被提到了相同高度，循环经济应运而生。这验证了诺斯所提及的"制度是外部环境变化和技术进步的产物"，农业循环经济既满足产业经济发展要求，又能实现生态环境保护。农业循环经济制度体系正是基于农业发展环境变化而构建的。

农业循环经济制度体系包含了农业产业经济政策和农业生态环境保护政策。无论是畜牧业产业政策、针对畜牧业发展提出的循环经济建设要求或畜禽粪污资源化利用项目，还是《循环经济促进法》等法律制度，抑或是农业循环经济园区、种养循环示范项目等，这些彰显农业循环经济理念的正式制度与非正式制度共同组成了当前我国的农业循环经济制度体系。这一制度体系的演化与农业经济发展交互作用，影响着农业经济绩效。

经济绩效在经济学领域是一个可以直接测量的概念，一般用经济增长或者总产出水平来测量。制度绩效则通常用某项制度行为对总产出水平的影响即所产生的边际贡献来解释。决策者无论是地方政府、国家或者自然人，都被认为是理性主体，他们在不同的约束条件下为实现各自利益最大化而做出不同的制度行为；相同的制度行为由于其内在或外在的交易费用的约束或激励而产生不同的经济绩效，即制度绩效。基于前一章节对交易费用的分析中，我们用经济效率损失来表示交易费用，同样地，在一定制度行为下，经济效率损失越小，经济绩效越高，因此，农业循环经济制度绩效越高，农业经济效率损失越小，农业经济绩效越高。这一逻辑如图1表示。

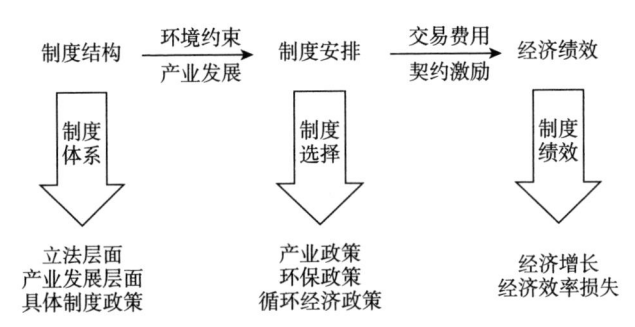

图1 制度结构、制度安排、经济绩效分析框架

随着市场经济体制的确立和发展，县域经济作为地方经济的主要代表和国民经济发展新的增长极，发展迅速。基于上述逻辑分析框架，我们可以提出如下理论假设：**随着农业产业的发展，农业经济规模越大，交易费用越高，即经济效率损失越大，制度绩效越低**。农业循环经济制度体系的建立和演化，其实质是降低交易费用和降低经济转型费用，从而实现农业经济效率损失降低和农业经济增长的过程。

第二节 循环型农业产业制度绩效测度
——基于四川省的实证分析

对农业循环经济的制度绩效进行实证分析,我们同样采用与上一章节相同的农业县域经济数据进行测度,通过面板数据实证检验农业循环经济制度绩效与经济绩效之间的关系。

一 计量模型、变量设定与说明

得分倾向匹配方法和双重差分法被广泛应用于制度的绩效评价,但一般是对单一制度进行评价。在循环经济或绿色经济增长测度中,相关研究通常除了考虑正常产出及期望产出外,还纳入了污染物及非期望产出。但是,从循环经济模式分析,我们认为期望产出和非期望产出之间存在着伴生关系,即污染物会通过循环经济模式转为生产要素重新投入到生产制造过程中。为了兼顾这种关系,距离函数被引入到全要素生产率的测量中来,虽然径向 DEA 可用于评估环境绩效,但它忽略了投入和产出的不足。此外,径向 DEA 意味着所有输入或输出都可以按相同比例进行调整,因此无法分析单个输入或输出的性能。SBM 模型通过汇总相应的松弛量来考虑每个输入或输出的贡献进而衡量效率。由于在优化期间输入和输出的比例没有固定,因此 SBM 模型可被视为非径向效率评价方法(张诗予等,2018)。本研究使用的 SBM 模型如下:

$$\vec{S}^t(x_i^t, y_i^t, b_i^t; g^x, g^y, g^b) = \frac{1}{3}\max\left[\frac{1}{P}\sum_{p=1}^{P}\frac{S_p^x}{g_p^x} + \frac{1}{Q}\sum_{q=1}^{Q}\frac{S_q^y}{g_q^y} + \frac{1}{R}\sum_{r=1}^{R}\frac{S_r^b}{g_r^b}\right]$$

$$\text{s.t. } \lambda X + S_p^x = x_{ip}^t, \lambda Y - S_q^y = y_{iq}^t, \lambda B + S_r^b = b_{ir}^t;$$

$$\forall p, q, r, \lambda \geq 0; S_p^x, S_q^y, S_r^b \geq 0 \quad (1)$$

其中 (x_i^t, y_i^t, b_i^t) 为 t 时期的基本决策单元（DMU）投入、期望产出和非期望产出的向量；(g^x, g^y, g^b) 是方向向量，表示投入、期望产出和非期望产出调整相对应的方向；(S_p^x, S_q^y, S_r^b) 表示投入、期望产出和非期望产出的松弛变量的矢量。式（1）意味着期望产出增加，投入和非期望产出在接近高效生产时同时收缩。

基于前文的假说，我们采用 2007~2018 年的 140 个四川省农业县域的统计年鉴数据、财政部和农业部网站自 2007 年开始公布的农业畜牧大县名单和相关数据，以及 2017 年开始实施整县推进畜禽粪污资源化利用项目所涉及的县域数据进行了分类分析。投入产出变量及数据说明见表1。

表1 投入产出变量及数据说明

变量	符号	定义
经济绩效	Y	第一产业增加值（万元）
投入		农业从业人数（万人）、农作物总播种面积（千公顷）、农业机械总动力（万千瓦）、肥料施用量（万吨）
经济效率损失	RD	[1－纯技术效率（TE）]×规模效率（SE）
畜牧大县	M_1	M_1 取值 0、1，其中 0 为非畜牧大县，1 为畜牧大县
项目县	M_2	M_2 取值 0、1、2，其中 1、2 分别代表 2017 年和 2018 年的整县推进项目县，0 代表其他县

二 实证结果分析

本书使用 maxdea 软件计算了 140 个农业县的农业经济效率损失值,四川省农业县域农业经济效率损失变动情况如图 2 所示。

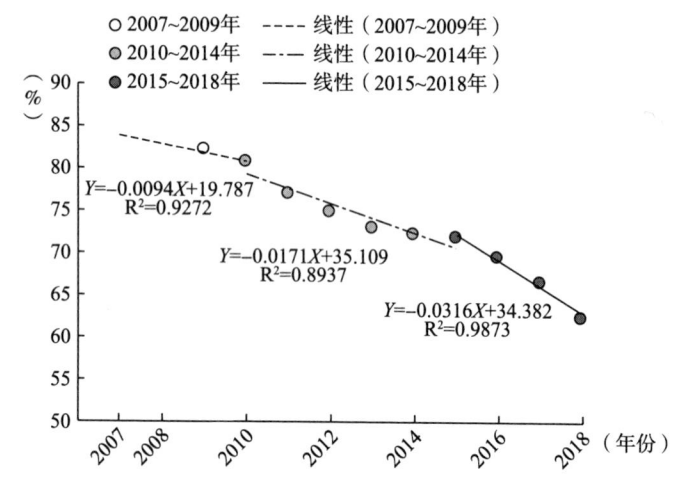

图中数据：
- ○ 2007~2009年 ---- 线性(2007~2009年)
- ◐ 2010~2014年 -·-· 线性(2010~2014年)
- ● 2015~2018年 —— 线性(2015~2018年)

$Y=-0.0094X+19.787$
$R^2=0.9272$

$Y=-0.0171X+35.109$
$R^2=0.8937$

$Y=-0.0316X+34.382$
$R^2=0.9873$

图 2　四川省农业县域农业经济效率损失变动情况(2007~2018年)

从图 2 可以看出,在 2007~2009 年,农业经济效率损失均值在 80% 左右,这可以解释为大部分农业资源没有得到有效利用。但从总体趋势看,农业经济效率损失呈降低趋势,说明农业资源配置效率开始得到改善。农业经济效率损失存在明显的区间变动。2010 年以前农业经济效率损失较高,自 2010 年开始农业经济效率损失呈现明显下降趋势,在"十二五"时期,四川省农业县域平均经济效率损失从 80% 下降到 70% 左右,这也证明农业循环经济相关制度的实施在"十二五"时期促进了农业经济的增长。第三个阶段是 2015~2018 年,这一时期的农业经济效率损失持续下降，且降幅明显加大，这一时期正好是农业循环经济尤其是养殖业畜禽粪污资源化利用项目加快推进的时期，不排除这一政策在其中发挥出了显著的作用。

畜牧大县作为农业经济的重点支撑单元，农业循环经济制度可能在其中发挥了重要作用，为了进一步解释农业循环经济制度绩效，我们尝试将畜牧大县和非畜牧大县的农业经济效率损失进行对比，具体结果如图3所示。

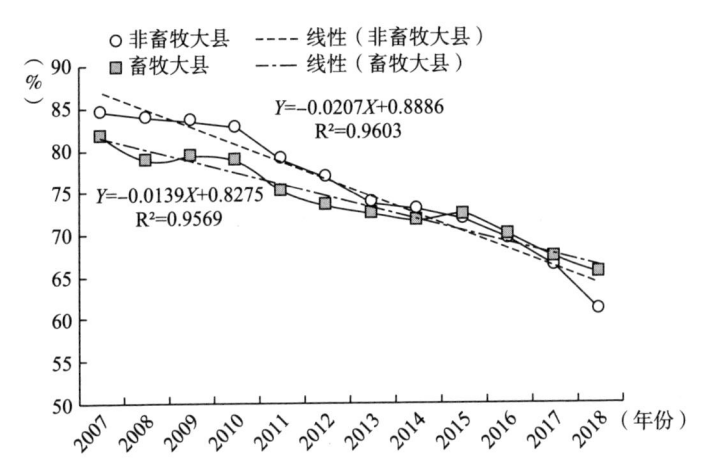

图中公式：
$Y=-0.0207X+0.8886$
$R^2=0.9603$

$Y=-0.0139X+0.8275$
$R^2=0.9569$

图3　畜牧大县与非畜牧大县农业经济效率损失对比（2007~2018年）

统计结果显示，畜牧大县在2007~2018年的平均农业经济效率损失为73.4%，低于非畜牧大县的平均农业经济效率损失75.66%。2007~2018年非畜牧大县整体农业资源配置效率低直接导致经济效率损失高，经济绩效略低。尤其是2015年以前非畜牧大县的农业经济效率损失一直高于畜牧大县，但"十二五"期间，非畜牧大县与畜牧大县的平均农业经济效率损失明显趋同，这可以解释非畜牧大县在"十二五"期间对农业资源配置的效率得到提升,农业经济绩效得以提高。从 2015 年开始,非畜牧大县的平均农业经济效率损失开始低于畜牧大县的平均农业经济效率损失,尤其是 2017 年和 2018 年的平均值已经接近 60%,进一步拉开了与畜牧大县之间的距离,表明非畜牧大县在提高农业资源配置效率的同时,将农业经济发展与生态文明建设充分结合,农业循环经济制度贯彻实施更充分。畜牧大县的平均农业经济效率损失持续下降,也可以理解为是农业循环经济的发展带来的农业资源利用效率提升的结果。

以 2017 年国家正式实施畜禽粪污资源化利用项目为时间节点,本书梳理了四川省 2017 年和 2018 年公布的两批次实施整县推进畜禽粪污资源化利用的项目县的情况,将 2017 年涉及的泸县、三台县和宣汉县三个畜牧大县(简称第一批次项目县)以及 2018 年涉及的剑阁县等 12 个畜牧大县(简称第二批次项目县)的农业经济效率损失变动情况整理出来,如图 4 和图 5 所示。

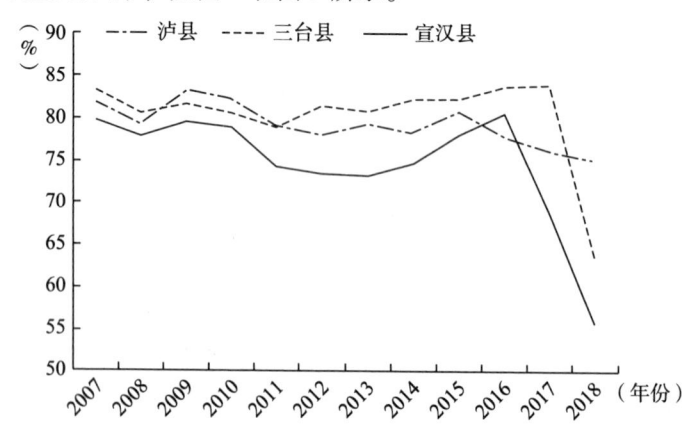

图 4 第一批次项目县农业经济效率损失变动情况(2007~2018 年)

第六章 循环型农业产业制度绩效

图5 第二批次项目县农业经济效率损失变动情况（2007~2018年）

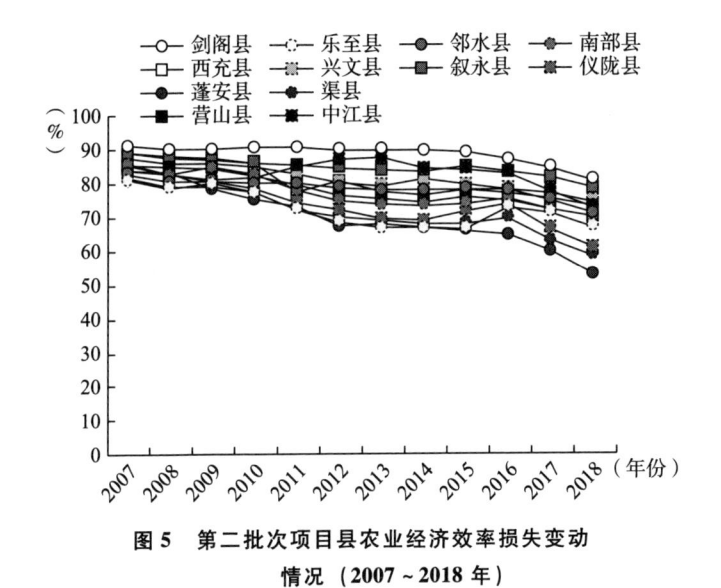

从图4和图5可以看出，自2017年国务院及政府相关部门要求畜牧大县开展整县推进畜禽粪污资源化利用项目后，尤其是通过契约奖励的方式对分批推进示范县给予资源化利用项目转型匹配奖励资金之后，农业县向农业循环经济转型的费用降低，农业经济效率损失明显降低，这也进一步印证了农业循环经济制度供给尤其是整县推进畜禽粪污资源化利用项目的实施在畜牧大县农业经济增长方面发挥了重要作用，使得农业资源得到更有效的利用进而提升了农业经济绩效。由于整县推进项目在2017~2020年实施，截至本书写作期间，尚不能获得完整的数据，故此项工作可进一步跟踪推进，以期能获得更全面的数据来验证农业循环经济制度的效力，并对整县推进畜禽粪污资源化利用项目这一单一制度的绩效进行科学评价。

三 假说检验

为验证模型结果，需要对农业经济效率损失和经济绩效关系的变化和差异进行稳定性检验。为此，本书进行了单位根检验，使用 E-G 两步法对农业经济效率损失与经济绩效之间的关系进行协整分析，并采用最小二乘法分别进行了一阶差分和二阶差分，采用误差修正法进行估计，以验证结构稳定性。

本书对序列采用 LLC 检验方法进行单位根检验，结果如表 2 所示。

表 2 单位根检验结果

变量	LLC 检验			Breitung 检验		
	统计值	伴随概率	平稳性	统计值	伴随概率	平稳性
Y	-21.5251	0.0000	平稳	23.0379	1.0000	非平稳
ΔY	-17.1177	0.0000	平稳	-13.5066	0.0000	平稳
RD	8.0105	1.0000	非平稳	15.6718	1.0000	非平稳
ΔRD	-4.5977	0.0000	平稳	-10.4299	0.0000	平稳

由表 2 可知，在一阶差分时，各变量序列在 1% 的显著性水平上拒绝存在单位根的原假设，说明各个序列是平稳的，满足具有协整关系的前提条件，继续进行协整分析。

本书使用 E-G 平稳回归方程，从面板数据中生成残差序列进行稳定性检验，使用 Pedrini 检验法，检验结果如表 3 所示。

表3　Y与RD的面板协整检验结果

检验假设	统计量名称	统计量值	伴随概率
H0：不存在协整关系	Modified Phillips-Perron t	8.5249	0.0000
	Phillips-Perron t	-12.6569	0.0000
	Augmented Dickey-Fuller t	-23.6316	0.0000
H0：不存在协整关系	Modified Phillips-Perron t	12.8368	0.0000
	Phillips-Perron t	-9.4160	0.0000
	AugmentedDickey-Fuller t	-23.8864	0.0000

表3中的伴随概率表明Y与RD之间在1%的显著性水平上存在长期协整关系。为了进一步验证变量间的短期波动情况，本书同样采用E-G两步法建立基于面板数据的误差修正模型，并采用最小二乘法进行回归分析。由于我们对畜牧大县和非畜牧大县进行了对照分析，在采用误差修正模型估计时我们将分类进行误差修正估计，在单位根检验时我们通过一阶差分证明了序列的平稳性，因此，误差修正模型我们同样对一阶差分进行验证，结果如表4所示。

表4　最小二乘法下面板误差修正模型估计结果（一阶差分）

解释变量	畜牧大县 $\Delta Y(t)$	非畜牧大县 $\Delta Y(t)$
$\Delta RD(t)$	-559968.3***	-451670.3***
ECM$(t-1)$	-0.2107499***	-0.5786323***
常数项	15350.58	4077.771
拟合系数	0.4527	0.3225
Prob（F-statistic）	0.0000	0.0000
Hausman 伴随概率	0.0000（FE）	1.0000（RE）

注：***表示在1%的水平上显著。

结果表明回归系数均显著，而回归系数越小，越能说明在农业循环经济制度体系下，农业经济效率损失的边际值越小，这也验证了农业循环经济制度体系更能提高经济绩效的假说。

本章小结

本章从农业循环经济制度体系分析入手，构建了一个包含农业循环经济制度动因、制度行为和经济绩效的逻辑分析框架，将农业循环经济制度绩效与农业经济绩效即农业增长挂钩，通过农业经济效率损失变动来验证农业循环经济制度的绩效。农业循环经济模式的经济性、社会性和生态性，使得经济环境和经济管制要求发生了变化从而产生了制度诱因，而农业循环经济制度是由产业制度、环境制度、循环经济制度以及非正式制度形成的一个制度体系，这一制度体系的目标是着力于整体提升农业经济绩效，降低因为资源利用不充分带来的经济效率损失，这也正是农业循环经济制度体系的制度绩效所在。对四川省2007~2018年的县域农业经济数据的计量分析，验证了这一假说。

值得强调的是，我国农业循环经济实行时间短，尤其是整县推进畜禽粪污资源化利用项目还处于初级阶段，尽管初期效果显著，但其制度绩效还需要进行长期检验。当然，我们也从实际中了解到中央财政和地方财政支持，在很大程度上解决了农业循环经济发展所需的资产性投资。结合第四章对循环型农业产业中契约不完全性的分析，这种制度安排提供了农业循环经济主体转型发展所需的一部分资金投入，会促进循环型农业产业主体主动参与到循环体系中来，从而整体推动农业循环经济的发展。但是，此分析仅展现了 2017 年和 2018 年的情况，尚不能充分验证制度绩效或者验证制度绩效的整体性。不过，这个拐点的出现给农业循环经济的发展和制度体系的建设注入一剂强心针，为整个产业坚定发展农业循环经济增强了信心，未来应重点检验制度体系运行的长期性和有效性。

第七章　案例研究：来自县域示范区的证据

　　县域是我国农业经济发展一个重要的单元，在前文对四川省140个农业县域经济面板数据的计量分析和检验基础上，为了更好地理解不完全契约、交易费用和制度在我国循环型农业产业发展过程中的理论支撑和演进机制，本章选取四川省具有代表性的一个农业循环经济项目示范县进行实地考察，明确示范区内循环型农业产业中的不完全契约履约情况，以期更能理性和准确理解循环型农业产业的发展过程。

　　四川省是我国的农业大省，《四川统计年鉴》数据显示，2019年全省粮食产量达3498.5万吨，全年肉猪出栏4852.6万头，居全国前列。四川省是我国重要的粮油基地和畜牧业生产大省，同样也是农业循环经济发展重点省，畜牧大县数量居全国第三位。本书从2017年首批四川省三个整县推进畜禽粪污资源化利用项目示范县中选择了泸县作为研究案例，本章将从泸县的农业产业发展、农业循环经济发展及其产业主体现状入手，分别探讨县级政府对农业循环经济制度的响应和实施情况、县级政府与当地主要经济主体之间的契约匹配与契约履约过程、各类微观经济主体在农业循环经济运行体系中的绩效情况，从而立体展现县域循环型农业产业的发展过程。

第一节 示范县农业产业现状

一 示范县农业经济产业现状

泸县地处四川盆地南部，位于长江、沱江交汇区和成渝经济区环渝腹地核心区块，行政区划属四川省泸州市，是典型的农业大县。泸县面积1532平方公里，辖19个镇，人口108.7万人，其中农村人口98.2万人，约占总人口的90%。泸县属典型浅丘地貌，农用地面积127536.4公顷，占全县面积的83.6%。作为农业大县，泸县农业发展基础较好，是全国生猪调出大县，商品粮生产基地县，以及粮食生产、农田水利基本建设、科技进步、平安建设先进县（先进单位），国家级杂交水稻种子生产基地县，西部经济百强县，四川省扩权县。泸县统计公众信息网数据显示，2018年全县农林牧渔业总产值达82.8亿元，其中农业产值44.8亿元、畜牧业产值29.7亿元、农林牧渔服务业产值1亿元。[①] 十多年来泸县的农业经济经历了快速发展，根据《中国县域经济统计年鉴》，泸县2018年第一产业增加值达50.3亿元，比2007年的25.01亿元翻了一番，同时保持了粮食产量的稳步增长，化肥施用量也自2015年开始出现递减，详见表1。

---

① 数据来自泸县统计公众信息网，http://tjj.luzhou.gov.cn/%20tjsj/tjnj/lztjjoldtjnj20192/bny1/82zynffxqnlmyzz。

表 1　2007~2018 年泸县农业经济相关指标一览

年份	化肥施用量（吨）	粮食产量（万吨）	第一产业增加值（亿元）
2007	26155	44.5743	25.01
2008	26943	46.9132	29.31
2009	28051	47.4753	27.71
2010	29418	48.1147	29.74
2011	30058	49.7333	35.61
2012	32186	50.3149	38.64
2013	35920	51.4346	41.62
2014	35822	51.1815	42.83
2015	35832	52.0732	44.84
2016	35642	53.539	47.7
2017	34707	53.5844	49.33
2018	33939	53.6729	50.3

数据来源：《中国县域经济统计年鉴》。

在"十二五"和"十三五"时期，泸县农业产业取得了显著的成绩，整体农业生产稳步提升，产业体系逐渐形成。泸县畜牧养殖业是当地农村经济发展的支柱产业，也是当地农民增收的重要经济来源。该县畜牧业基础扎实，自然条件优越，区位优势明显。2018 年全县生猪出栏 107.8 万头，期末生猪存栏达 71.26 万头，全年出栏羊 7.87 万只，家禽 1364 万只，生猪产业在畜牧业中占有绝对优势。据统计，2015 年全县建成生猪标准化规模养殖场（区）130 个，生猪规模养殖户达 6593 户，有多家万头规模以上的现代化大型养猪场、国家级标准化示范场等。[①] 尽管"十二五"期

[①] 数据来自泸县统计公众信息网，http://tjj.luzhou.gov.cn/%20tjsj/tjnj/lztjjoldtjnj20192/bny1/82zynffxqnlmyzz。

间当地产业发展取得了较好成就，但仍然面临新的挑战。尤其是在畜牧业从分散养殖向规模化、集约化、工厂化养殖转变过程中，生产带来的废弃物等给生态环境带来了严重影响，当地生态环境保护压力较大。因此，"十三五"期间，以"猪-沼-果"和"猪-沼-粮"为主的种养结合的养殖方式被大力推广，全县实施以整县推进畜禽粪污资源化利用项目为核心的农业循环经济体系建设，整体推动产业转型升级。

泸县农业农村局工作报告显示，2017年全县畜牧业总产值达32.54亿元，是近年来的一个峰值，畜牧业以生猪、牛、山羊、兔等为主，畜牧业已经成长为泸县农业农村经济的支柱产业。泸县现有耕地面积84572.9公顷，2017年统计产粮53.31万吨、蔬菜64.5万吨，有一个万亩蔬菜基地。相比较而言，泸县的种植业以种植水稻、玉米、油菜为主，蔬菜和水果种植面积近年来增长明显，但经济地位还相对较弱。近年来，泸县不断形成成片规模种植区，建成万亩水稻高产示范片区25个，水稻单产和总产连续保持四川省第一位。泸县是四川省农产品产销对接工作试点县，发展市级以上农业产业化重点龙头企业38家，各类农民专业合作社等新型农民经济组织发展良好。

二 示范县循环型农业产业现状

泸县农业循环经济的模式初探要追溯到2011年。自2007年开始，泸县的畜牧业尤其是生猪产业的发展迎来了一个快速增长期。2007年国家实行生猪大县奖励政策，每年提供一定的财政资金鼓励各县发展畜牧业，泸县作为传统的农业大县，充分利用中央财政资金，发展当地畜牧业，取得了显著成效。2010年《第一次全国污染源普查公报》显示，畜禽养殖业的污染排放已经成为我国最主要的农业面源污染源之一。国家开始加大力度规范畜牧业发展，提倡规模化标准化养殖场的建设，并相继出台了《畜禽标准示范场管理办法》《全国畜禽养殖污染防治"十二五"规划》等文件，对畜禽养殖污染防治工作目标、主要任务和保障措施等进行了指导。2013年出台的《畜禽规模养殖污染防治条例》对养殖场和养殖小区的废弃物处理方式、利用途径等环节做出了明确规定，提出了畜禽养殖废弃物综合利用的措施建议。泸县自2011年开始新建或改扩建的养殖项目在立项阶段就考虑了循环经济的资源化利用模式，包括沼气工程建设、有机肥生产、种养循环、零排放模式等。2015年以前，全县三家规模以上养殖场均通过了国家示范养殖场的验收。

《2015年四川省畜牧业工作要点》政府工作报告中提出："积极发展种养结合畜牧循环经济。按照'植物生产、动物转化、微生物还原'的思路，坚持养殖规模与资源环境承载能力相适应，与种植业发展相对接，努力在发展现代畜牧业、实现种养循环上推动农业循环经济实现突破性发展"。同年，四川省农业综合开发领导小组办公室发布了四川省农业综合开发农业循环经济发展项目（以下简称项目），该项目明确是由省级批准立项，由省级财政安排农业综合开发资金，专项用于支持畜禽粪污循环利用、秸秆综合利用等农业循环经济发展的项目。项目以"发展循环经济，促进生产、流通、消费过程的减量化、再利用、资源化"为指导思想，以"政府推动与市场引导、科技创新与制度创新、示范带动与重点突破"为基本原则，以"农业生产废物排放量明显减少、资源综合利用水平显著提高、农业循环经济发展层次进一步提升"为基本目标。泸县积极参与，连续两年成功申报了《生猪粪污种养循环利用改扩建项目》。因此，泸县在发展农业循环经济时，以末端治理为先，从养殖场的粪污处理技术入手来实现废弃物的资源化利用，并对全县的养殖场粪污收集方式进行整改，包括推进干湿分离、雨污分离技术改造；推广发酵床与异位发酵技术和沼气工程；通过集中建立粪污收集处理中心，集中收集加工有机肥，实现资源化利用；也推动养殖场与规模种植业企业联合实现区域范围内的粪污还田，并发展粪污收集服务专业合作社提供异地种养循环服务。

作为四川省的国家级生猪调出大县，泸县自2015年就开始响应政府号召，推进种养循环模式，2015年逐步通过推进种养循环示范项目改善区域范围内的养殖业粪污资源化利用现状，2017年在《关于加快推进畜禽养殖废弃物资源化利用的意见》出台后，首批次申报了国家整县推进畜禽粪污资源化利用项目示范县并展开粪污资源化利用工作，通过设施投入、模式推进等，实现了粪污综合利用率的逐年提高。中央财政通过以奖代补方式，对市场主体建设畜禽粪污集中处理设施和规模养殖场实现全量化有效处理提供资金支持3650万元。泸县三个农业循环经济项目清单如表2所示。

表 2　泸县三个农业循环经济相关项目清单

年份	项目名称	补贴金额
2015	4 万吨生猪粪污循环利用改扩建项目	350 万元
2016	5 万吨生猪粪污循环利用改扩建项目	260 万元
2017	畜禽粪污资源化利用整县推进项目	3650 万元

在科学划定养殖业禁养区、限养区和适养区的条件下，全县通过科学实地调查，对禁养区内的 111 家养殖场进行了关闭和搬迁，完成了全县范围内养殖场的科学升级改造，到 2019 年畜禽粪便综合利用率达 88.1%，化肥减量工作成效明显，农膜回收率提升，农业废弃物资源化利用工作整体取得了显著的成绩（曾胜强等，2018）。

2019 年泸县还创建为第二批国家农业可持续发展实验示范区（即农业绿色发展先行区），成为我国推进农业绿色发展的综合性实验示范平台。正是在"十三五"期间全力推进生态文明发展与农业经济相融合，泸县才能在立足当地资源禀赋、区域特点的基础上，继续创新发展绿色技术体系核心，建立绿色标准体系和绿色产业体系，继而成为区域农业绿色发展的典型。

综上所述，泸县作为四川省的农业大县，在农业经济尤其是农业循环经济发展方面走在了全国前列，通过将种植业持续发展与养殖业规模发展相融合，带动农业服务业发展，催生农业经济组织新主体、新业态、新模式，促进循环型农业产业不断完善，实现了区域内农业经济与生态环境的融合发展。

第二节 不完全契约履约效率分析

一 政府与制度演化分析

2007~2019 年，我国县农业主管部门经历了两次组织变迁，2015 年之前农林牧渔业分别由不同的部门主管，即农业局、畜牧局、林业局、渔业局等。当时的农业局与农业种植业密切关联，畜牧局的管理职责与畜牧业产业密切关联，在一定程度上种植业和养殖业在"十二五"时期的发展与当地产业主管部门的有效工作密不可分。2015 年之后国家将广义的农业产业政府职能部门整合为农林局。政府职能部门整合是为了实现农业产业的整体融合发展，这也为产业融合发展和农业循环经济发展奠定了基础。2019 年县农业农村局整合了原县农林局的农业职责、县委办公室的农村工作职责，以及县发展和改革局的农业投资项目、县财政局的农业综合开发项目、县国土资源局的农田整治项目、县水务局的农田水利建设项目管理职责等。县农业管理机构的组织演变经历了部门由小变大、职能由分散到集中的过程，如图 1 所示。

2015年以前	2015~2018年	2019年及以后
农业局 畜牧局 林业局 渔业局 ……	农林局　融合了原农业局、畜牧局等农业产业相关主管部门	农业农村局　整合了农业、农村主管部门相关管理职能

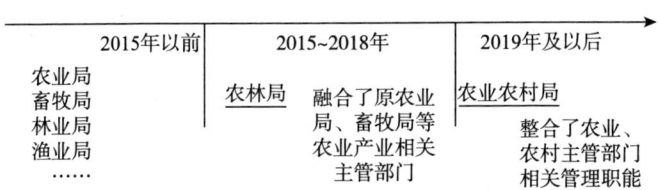

图 1　县农业管理机构的组织演变

有效率的组织是经济增长的一个关键因素。政府主管机构的组织变迁见证了我国农业经济的迅猛发展，也是推动农业循环经济制度有效实施的关键。有效率的经济组织还应该建立制度化的设施，提供持续的、制度化的激励机制。农业循环经济制度的形成与发展在县域农业经济发展中与主管机构组织变迁相融，农业循环经济的发展走过了一个"模式初探—示范项目—整县推进"由点及面的历程。

如图2所示，县级政府机构作为上一级国家政策制度的实施主体，其实施情况与制度绩效密切相关。泸县充分利用制度激励走在全省乃至全国前列，既是制度的实践者，更是抓住机遇推动产业经济与制度的融合发展，取得了较好的成效。

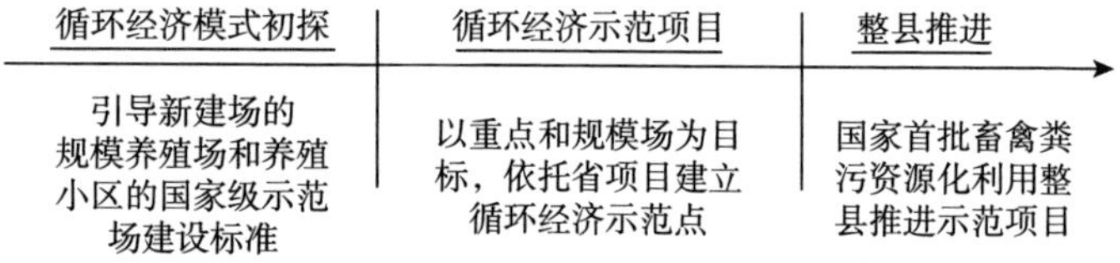

循环经济模式初探	循环经济示范项目	整县推进
引导新建场的规模养殖场和养殖小区的国家级示范场建设标准	以重点和规模场为目标，依托省项目建立循环经济示范点	国家首批畜禽粪污资源化利用整县推进示范项目

图2 泸县农业循环经济制度推进阶段

二 不完全契约履约分析

如前所述，在泸县的农业循环经济发展过程中，政府与当地的农业经济主体存在制度供给关系，这种制度供给关系也是一种契约关系。我们选取2015年该县实施的4万吨生猪粪污循环利用改扩建项目作为分析对象，来探讨包含政府在内的循环型农业产业主体之间的契约匹配关系和契约履约情况。

(一) 主体及契约关系介绍

本项目涉及的主体包括县农业局（下文中亦称政府）、A公司（养殖业企业）、B合作社（农业服务业/粪污收集服务专业合作社）以及多个种植业企业C。政府作为农业循环经济项目的推介者，是省农综办实施该项目的委托代理人。在项目中政府分别与A公司和B合作社形成了契约关系。其中A公司与政府协调一致，达成了申报项目的具体内容，包括改扩建工程的实施范围、预算金额、工期等。B合作社是在政府参与和A公司主导下，为了满足种植业企业对沼肥的投资性消费（包括周边用户通过管网直接使用和距离较远的客户通过沼液运输车实现异地使用）而成立的专门为种植业企业提供养殖场沼肥的服务业主体。其中，政府承诺利用财政资金为B合作社购买沼液专用运输车，提供每台车不超过50%的购置补贴，以减少B合作社的直接投资成本。B合作社分别与A公司和县域范围内的若干家规模种植业企业建立起沼肥购销的契约关系。种植业企业作为A公司的消费者参与到项目中来，有两种类型：一种类型是A公司所在的园区内的种植业企业直接通过园区提供的田间池和管网设施使用沼肥；另一种类型是种植业企业需要通过异地循环的方式使用沼肥（即与A公司有一定距离，需要借助运输工具完成沼肥的消纳）。图3是政府、种植业企业、养殖业企业和合作社四者之间围绕养殖业粪便资源化利用的农业循环经济项目所形成的契约关系。

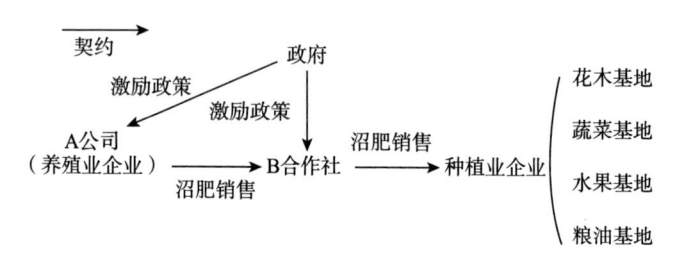

图 3　产业主体间的主要契约关系

（二）不完全契约履约分析

在该项目中，契约方之间的相关利益如表 3 所示。

表 3　项目内契约方的相关利益分析

契约方 1	相关利益分析	契约方 2	相关利益分析	契约关系
政府	粪污资源化利用	A 公司	提高经济效益	项目制
A 公司	降低交易费用	B 合作社	获取粪肥产品	投资合作
政府	粪污资源化利用	B 合作社	减少固定投资	项目制
B 合作社	获得销售服务收益	种植业企业 C	提高品质、降低成本	购销

（1）政府契约履约过程分析。本案例中的政府契约包括政府与 A 公司和 B 合作社之间的两个契约。A 公司 2013 年建成，如果按照公司规划的养殖规模开展生产，那么通过沼气池工程进行田间池消纳沼液的方式无法满足养殖达产需求；加之园区所在的种植区域没有足够的种植面积能完全消纳该养殖场所产生的粪肥，养殖场的排污消纳面临很大压力。县农业局在上级政府提供制度供给之时，首先了解到 A 公司改扩建参与农业循环经济项目的需求，双方对契约的内容进行沟通。公司以改善自身养殖场基础设施和加快技术进步来实现经济效益最大化；政府要推动公司

顺利实施项目工程，达到上级政府制度供给对绩效目标的考核要求。双方最终通过多项技术方案和实地调研评估，对于项目建设的内容、资金预算等关键信息达成一致并形成契约。因此，在契约形成的初始阶段，政府主导公司参与农业循环经济，通过开展示范项目，既能解决养殖业的排污问题，又能引导园区及周边种植业企业消纳养殖粪肥，能实现多方共赢。

初始契约在政府和 A 公司之间口头达成，A 公司按照项目引导落实种养循环示范项目，建设内容包括养殖场内的粪污分流设施、沼气工程设施等相关配套工程和养殖场外以种植园区为主的存储池建设、田间管道铺设及其配套设施等，其中项目资金来源于企业自筹＋财政项目补贴。项目建设完成投入使用视为契约实现履约。公司资料显示，该公司 2015 年完成项目申报后，在 2016 年 10 月完成了项目验收，政府与 A 公司完成项目的履约。为了推进废弃物资源化产品的消费，政府又对 B 合作社购买的沼液运输车提供资金补贴，鼓励 B 合作社参与到农业循环经济中来。在 B 合作社完成了购买沼液运输车的行为后，政府按契约约定提供相应比例的财政补贴，该契约也实现了履约。至此，政府两项契约在 2016 年实现了完全履约。

（2）市场契约履约过程分析。本案例中市场化交易契约主要是 B 合作社分别与 A 公司以及多个种植业企业之间的契约。B 合作社是在政府政策鼓励下提供产品和服务，从养殖场收集沼肥销售给分散各处的种植业企业，并提供沼肥灌溉服务，从中赚取销售和服务收入。A 公司为了确保 B 合作社能全部消纳养殖业产生的粪肥资源，采用资金入股的方式投资 B 合作社，形成纵向一体化战略，避免了直接与若干家种植业企业发生经济活动，通过降低交易频率的方式降低整体交易成本；同样这一战略也使得 B 合作社与 A 公司之间的契约成为长期契约并提高了履约效率。为了鼓励 B 合作社开展市场运作，A 公司前三年免费提供粪肥资源，B 合作社承接 A 公司的粪肥销售业务，双方处于连续履约状态。B 合作社根据提供的具体服务的情况与不同的种植业企业按照运输距离等提供差异化的粪肥销售服务。由于市场对液态粪肥有一个接受过程，作为农业循环经济项目中的消费者——种植业企业，其与 B 合作社的履约处于间歇性履约状态。购销关系所形成的契约的不完全性主要体现在资源化粪肥产品的性价比上。这一项契约履约的影响因素包括两个方面，一方面是养殖场提供的沼肥是否能满足种植业企业的需求，包括质量需求和价格需求；另一方面是种植业企业对沼肥的购买是否持续且能否获取目标收益。在连续的跟踪过程中，B 合作社获得了稳定的沼肥需求的客户群体，实现了农业循环经济项目的整体有效运行。

三 履约效率与履约机制分析

本书通过跟踪项目的契约履约情况，从专用性投资、交易费用以及经济效益的角度分别对不完全契约的履约效率和履约机制展开分析。

（一）专用性投资

2015 年 7 月出台的《四川省农业综合开发农业循环经济发展资金和项目管理办法》规定，该项目所提供的资金专项用于种养循环项目，主要是畜禽养殖场生产沼肥的循环设施建设、设备购置等循环联通的关键环节。

本案例中2015年政府与A公司和B合作社的契约提供的资金都是专项用于A公司对生产废弃物的处理，包括A公司改建场内沼气工程、新增场外沼液储存池和配套的田间管网等循环经济项目工程建设资金补贴350万元，以及B合作社用于购买液态粪肥的专用运输车3台（补贴财政资金24万元），及时解决了A公司养殖生产过程中所面临的粪便消纳处理能力的瓶颈问题。A公司最初预期能完全消纳养殖产生的粪肥，但实际运行后发现管网的运输距离、管道大小、粪肥浓度、使用便利程度、天气、维护等众多因素限制了粪肥综合利用效率，公司要实现满负荷养殖生产，必须重新改进粪肥收集处理和使用方式及硬件设施，更需要种植业企业的全力配合。政府提供的这一农业循环经济项目及时地提供了改建工程所需资金，也让公司积极主动参与到项目运行中来。以项目制方式提供的专用性投资，直接降低了市场主体的生产性投资，也很好地发挥了"套牢效应"，绑定市场主体实现契约的履约，并促使其积极参与农业循环经济活动，也使契约发展为长期契约。

政府提供的专用性投资受到明确的管理细则的约束，其约定了项目资金的使用范围、申报流程、公示制度和管护要求等，以确保资产正常运转、效益持续发挥。这些约定既是契约的核心内容，也构成了契约履约机制的主要部分。政府作为制度和激励的供给方，为农业循环经济有序运行提供财政支持，同时在资金投放后需要确认投资的有效性，一旦市场主体不能如约参与农业循环经济，将影响履约效率，因此，政府会采取"后补贴"等手段来促进市场主体积极履约。政府对养殖场的环境规制也成为一种约束机制用以促进市场主体积极参与农业循环经济并完成履约。政府在项目管理上的一系列细节要求成为确保政府履约的重要因素，同时也成为政府契约刚性的一种表现。

（二）交易费用

养殖业企业、合作社和种植业企业之间的契约履约通过畜禽养殖废弃物资源化产品的市场化交易实现。微观主体的交易费用大小是市场化交易能否实现的关键影响因素。在契约关系分析中我们发现，养殖场的经济诉求是通过种植业消纳粪肥并尽可能降低成本；种植业企业的经济诉求是在同等条件下（与使用化肥或其他同类有机肥相比）低成本高收益地使用粪肥；合作社的经济诉求是通过提供服务，可以持续地获得更多的劳动报酬和销售收入。

A 公司正常满负荷生产状态下，日均排污量约 80 吨，4 个储存池只能容纳 2 个月的排放量，而园区种植业企业仅根据作物对肥料的实际需求进行施肥，既不能每日消纳粪肥，也不会主动帮助 A 公司消纳粪肥。因此，在短期内种植业企业与养殖业企业之间存在不能按预期履约的情况。对此，合作社参与这一环节进行协调，对种养环节履约予以条件补充，即通过沼液运输提供异地循环。为了保证异地循环的实现，2016 年在 A 公司改扩建项目完成后，政府作为法人股东与当地农民成立粪肥收集运输 B 合作社，通过控股投资的方式实行纵向一体化战略，实际控股 B 合作社，将异地种养循环的粪肥消纳交给合作社运营管理。种植业企业使用B合作社提供的粪肥资源化产品部分或全部替代复合肥，在节约成本的同时，可以有效改良土壤质量和提高作物产品品质①。但考虑到运输成本问题（目前涉及的种植业企业主要集中在A公司的养殖场周边5公里范围内），如何实现A公司提供的资源化粪肥既能满足多家种植业企业的生产需求，又能保证降低成本实现经济效益最大化，成为B合作社在市场化运作中考虑的主要问题。

（三）经济效益

契约的履约效率直接影响各微观主体经济效益最大化的实现，也是检验农业循环经济项目实施有效性的关键指标。政府作为农业循环经济项目的供给主体，主要承担提升经济和环境效益的责任：一方面，鼓励和推动市场经济主体参与到农业循环经济中来促进农业生产、提高农业废弃物资源化利用率；另一方面，完成上级政府下达的生产任务和环境达标任务。A公司是泸县当地政府招商引资和重点立项的生猪规模场项目的承办方，其发展也关系着当地政府工作绩效考评。因此，有效破解该公司达产运营所面临的环境约束与困境成为当地政府主管部门的责任之一。尤其2015年新《环保法》严格了对畜牧业粪污排放的规制要求，给养殖场带来非常大的影响。

A公司2015年申报参与了政府主导的农业循环经济项目，2016年项目成功验收投入使用，A公司和B合作社获得政府补贴资金。B合作社采购了3台沼液运输车

---

① 2018年项目组在邛崃固驿镇的对比试验数据。

用于 A 公司的粪肥异地消纳，确保了养殖场在生产规模增长条件下粪肥能得以及时消纳，从而规避环境规制带来的负面影响。若粪污资源化利用率达 100%，A 公司可获得 30 万元左右的服务收益。A 公司专门设立环保专员岗，环保费用支出主要用于岗位劳动成本和废弃物处理相关设施的维护成本。2017 年在环境规制约束下，全县关停搬迁 100 余家养殖场，由于供给量减少，猪肉价格上涨，A 公司稳定生产并取得较好经济效益，成为市级龙头企业。整个项目实施在当地起到了显著的示范效果，契约履约达成。

笔者对 A 公司进行了连续的跟踪观察。A 公司作为一家中等规模的自繁自养场，其生产规模、出栏品类（商品仔猪和商品育肥猪）和出栏重量等经济指标同时受到生产条件、市场价格、企业战略等多方面因素的影响。依据公司提供的数据资料（见表 4），项目实施后公司主营业务实现了预期的达产规模。

表 4 A 公司的经济数据

年份	出栏数（头）	出栏重量（千克）	商品仔猪（头）	单位成本元（斤）	商品育肥猪（头）	单位成本元（斤）	环保支出（万元）
2014	3014	—	881	—	2133	—	—
2015	7455	592588	3068	10.47	4387	7.34	—
2016	10018	754890	5007	9.75	5011	7.02	3.2
2017	8847	732189	3117	10.54	5730	7.44	6.4
2018	7724	600915	3452	11.97	4272	8.09	8.4

数据来源：A 公司财务部提供。

A公司参与农业循环经济项目后带来的经济效益改变主要表现为：①政府项目供给及时有效，保证了公司主营项目的达产经营；②公司生产管理的思想从一开始以规避环保规制和解决粪污排放问题转变为粪肥资源化综合利用，为公司带来了环保声誉收益；③尽管环保费用投入直接增加公司运营成本，但主营业务持续发展并获得稳定收益，公司成为市级龙头企业。种养循环经济模式的采用为公司的可持续发展奠定了坚实基础，公司综合效益显著。

B合作社作为农业服务业主体，2016～2018年持续稳定运行。沼液运输车正常月均提供沼液外运服务800吨左右，运输费用以距离为准，车辆年收入稳定在10万元/辆以上。B合作社从成立到发展的过程，体现了农业经济社会化分工和农业生产服务业的发展变化，服务业越来越成为农业生产体系中不可或缺的部分。

四　项目绩效及问题分析

农业循环经济项目绩效包括项目的运行绩效和契约各主体的经济效益。通过前文分析我们发现，在项目内的不完全契约履约过程中，除种植业企业与合作社之间的契约在执行中可能出现中断外，政府契约和粪肥生产端的契约履约效率较高。根据政府工作报告和该县整县推进畜禽粪污资源化利用项目工作报告，2017年全县环境治理中，关闭搬迁禁养区养殖场103户，但仍旧保证了全年生猪出栏109万头，畜牧业产值达32亿。2019年农业废弃物资源化利用中心、病死畜禽无害化处理中心建成投用，面源污染得到有效治理，畜禽粪污资源化利用率达90%以上，秸秆综合利用率达 88.1%，农膜回收率达 80%，农药、化肥施用量减少 1700 吨，耕地土壤污染防治有效，农业废弃物资源化利用工作整体取得了显著的成绩（曾胜强等，2018）。

项目实施和项目运行跟踪中我们依然发现了一些问题与困境。

（1）公共设施供给中的产权困境。项目中的设施是政府用以奖代补方式推动建成的，资产产权属于政府，但对于 A 公司养殖场外的公共设施的使用权人却包括了园区农户、种植业企业和 A 公司等。这种所有权与使用权分离的情况，导致在项目投入使用后的前三年内多次发生了设施损害后各方均不承担维修责任从而影响循环利用的问题。公共设施的产权困境一直是农业经济研究中的一个热点。跟踪该案例项目运行过程发现，项目是由当地的农业局主导、第三方承建方与 A 公司共同完成的。一旦项目验收投入使用后农业局就完成履约，而在项目中政府投入的废弃物资源化处理项目的公共设施就属于 A 公司所在的地方镇政府的管辖范畴。镇政府园区管理者与园区种植业企业和农户都是被动参与到该项目的公共设施管护中来。多次发生的公共设施管护纠纷本质上也是多主体的一种博弈，最终达成了 A 公司承担管理责任、园区承担监督责任、政府提供适当管护资金、使用者相互监督的多方管护协议。

（2）刚性契约带来的履约困境。政府项目制下的契约是一种刚性契约，在经济主体申请的时候就界定了契约的内容，即项目实施内容清单等一整套方案。项目在实施期间遇到了很多细节问题，如占地、技术更新等。2015 年正好有另一项新的粪污处理技术应用方案从福建市场引入到四川市场,该技术方案会比当前企业采用的循环模式更优,表现为投资略高,但占地面积小、资源化产品市场效率更高等。然而,政府项目一旦实施就难于从中变更技术方案。尽管多方协调申请,该项目仍不能修改只能按照原方案修建完成。对于企业来讲,本来可以有更好的调整方案,但由于契约已提前约定而无法更改,这是政府项目的契约刚性带来的成本增加和预期效益降低,也在推动农业循环经济项目运行过程中造成了市场技术推广的延迟。

(3)废弃物资源化利用的市场化困境。三年来,A公司产生的液态有机肥还处于"消化"阶段,企业的收入尚低于投入的成本。废弃物资源化产品的市场化过程需要生产、消费、服务等多主体的共同作用。对于规模化种植业企业而言,B合作社提供的液态有机肥实质上是一种新产品,还需要更多的宣传和推广以改变种植业企业的认识,使其接受这一新事物。而对此,暂时还没有配套的鼓励政策,企业也会对废弃物资源化产品的价值抱有怀疑态度。生产者、消费者、服务业企业大多还处于"观望"状态,市场接纳程度偏低,但生产者已经按照新的方式持续生产废弃物资源化产品,从而造成产品过剩,不仅给生产者带来压力,也给环境带来压力,合作社也难于持续从中获得服务性收益。

第三节 经验与启示

通过跟踪研究泸县农业循环经济发展变迁以及农业经济主体参与农业循环经济的过程,我们认为:政府组织结构优化、新型经营主体尤其农业服务业的发展、循环型农业产业主体行为的优化以及该县农业循环经济制度政策的实施共同形成了循环型农业产业发展的有效路径。

一 农业循环经济发展的有效路径

(一) 政府组织结构优化

在社会主义市场经济体系中,政府是经济管理和调控主体,市场是把政府同各类微观经济主体连接起来的桥梁、配置各类经济资源的基础环节和其他要素交换的基本场所。政府和市场的关系决定了市场经济体制的基本走向和运行质量。在农业循环经济推进过程中,农业主管部门由原来的农业局、畜牧局等合并为农业农村局,这是政府组织结构优化的一种表现。这一组织结构的转变,也带来了政府管理职能的重组。合并后的农业农村局在对农业循环经济制度供给方面,能提供更全面与综合的指导,作为制度实施者,更能以积极的态度对待制度实施过程中的问题,为制度变迁提供支持,从而达成制度目标,实现制度绩效最大化。

(二) 新型经营主体的发展

在循环型农业产业发展过程中,循环型农业产业链在废弃物资源化利用过程中,催生了以专业合作社为代表的农业服务业。农业服务业的发展实质上是农业分工进一步细化的体现。案例中,粪便收集服务专业合作社将养殖业产生的农业废弃物畜禽粪便统一收集、预处理,并销售给农业种植大户,以此连接种植业和养殖业进而获得服务报酬。随着种植业规模和养殖业规模的不断扩大,其对粪肥的集中处理规模加大，也促进粪便收集服务的规模化运作，实现农业服务业的规模化发展。粪肥收集服务专业合作社是循环型农业产业发展的产物，其作为提供专业化中间产品与服务的经营主体，很好地改善了农业的技术分工和迂回生产的效率。粪肥收集服务专业合作社也是通过这一方式将废弃物资源化产品（粪肥）这一新的农业循环经济产品（新要素）引入种植业，从而达到农业循环经济发展的目的。

（三）产业主体行为的优化

在循环型农业产业的发展过程中，产业主体的行为包括政府行为、生产者行为和消费者行为三个方面。政府行为优化表现在组织结构优化推动的行为优化，政府通过制度供给方式与产业经营主体达成契约，引导农业循环经济制度的实施，实现经济更有效率、更可持续的发展。在农业循环经济市场机制形成的过程中，政府发挥监管职能，寻求政府行为与市场功能的最佳结合点，实现对废弃物的末端治理到生产过程的减量化等过程治理的全覆盖，引导农业循环经济体系的有效运行，有力保障了市场在资源配置中的决定性作用。生产者行为优化是指在农业循环经济制度和末端环境保护约束条款的共同作用下，生产者对废弃物资源化利用的认知和参与主动性的提高。从演化博弈仿真分析和案例实证可知，生产者在制度约束和激励机制下成为农业循环经济发展的主导。农业服务业的发展和消费者对农业废弃物资源化产品的接受都是生产者行为优化下产生的经济活动。消费者行为的优化得益于农业服务业提供的有价值的服务和产品以及农业废弃物资源化产品对消费者带来的交易费用的降低和经济效益增加。这一产业链主体行为的优化也是实现农业绿色发展和可持续发展的有效路径。

(四) 制度的变迁

制度、制度实施与制度变迁是制度经济学的核心内容。农业循环经济制度是我国社会主义经济制度的具体体现，它以减量化、资源化、再利用为原则，通过循环经济的生产方式来解决农业生产过程中产生的农业废弃物问题，从而实现农业生产的绿色转型，推进农业可持续发展。因此，我国的农业循环经济制度是在实践中不断完善的。从多种模式的循环经济方式探索、到种养循环的模式推广、到整县推进畜禽粪污资源化利用项目，这一系列的制度变迁过程，验证了我国国家治理体系、治理模式和治理能力的逐渐成熟。农业循环经济制度的设计，既有民众基础，也通过了不同模式的市场检验，确保了制度的可行性；在整县推进畜禽粪污资源化利用项目的选择上，采取自愿申请的方式，确保了制度执行者的履职意识，促进制度的有效实施。泸县在从单个养殖场的农业循环经济模式示范到推行整县畜禽粪污资源化利用项目，较好地利用制度有效解决现实问题，并取得了经济主体的有效反馈。关注制度实践中的问题是制度发展的动力源泉。这种制度发展也是制度变迁的一种方式，通过在解决具体问题的实践中逐步提升新制度的制度绩效，确保新制度的供给可以具有更好的实施基础；在制度实施阶段，关注制度运行中的问题，更能为优化制度设计提供重要依据。制度变迁为循环型农业产业发展的提供了重要支撑。

二 启示

(一)"项目制"安排与实施需要前瞻性设计

政府补贴涉及多个利益主体,如各级政府、村集体、农户、企业及其他市场组织等,项目实施中可能存在的阻碍多是一系列政府正式制度与农民主观非正式制度的整体性、多层次障碍共同作用的结果(渠敬东,2012)。地方政府在进行项目安排需要具有前瞻性、稳定性,以减少资源浪费;同时也需要从发展的角度观察项目实施前后的变化,为制度优化提供支持。

(二) 政府契约需要向柔性契约适当转变

信息不对称会带来多个经济主体间交易费用的增加;制度供给的产品产权差异化也带来产品经济效益的差异化,政府、市场、企业等利益相关主体没有真正实现效益最大化,便会陷入履约困境。政府的项目供给具有严格的约束条款,不同于市场机制下的契约履约具有相对灵活的调节变量,这使得企业在契约履约过程中很难及时调整计划安排。因此,当地政府应实施监督责任,及时根据契约履约情况签订补充条款,使政府刚性契约适当向柔性契约转变,降低信息不对称带来的交易费用增加,以实现项目绩效的提高。

(三) 项目供给的公共资源管理权向市场化方式转型

由于项目采用财政资金补贴,从产权归属来看,该项目的公共设施产权归当地政府,而项目实施后公共设施的管护问题成为了引发项目参与主体间矛盾的导火索。如果项目资源的管理权最终落在 A 公司，那只是利益相关方在市场机制作用下的博弈结果，而不是由产权主体来履行管护的责任。为了避免这种产权归属的混乱，建议在项目契约内容中提前界定好公共资源管理权的市场运作机制。

（四）废弃物资源化利用消费端的市场机制亟待加强

需要完善市场机制，鼓励消费市场增加对废弃物资源化产品的利用；政府的相关补助政策可以有针对性地将重点落脚到引导资源化产品消费端的市场机制建设与完善中来，并能提供满足市场需求的废弃物资源化产品，如此才能保障农业循环经济可持续发展。

综上所述，政府组织结构优化、新型经营主体发展、主体行为优化和政策制度变迁构成了循环型农业产业发展的有效路径，但在农业循环经济发展过程中，仍然存在政策制度实施过程中的一些困境，包括项目供给的有效性、政府契约履约的硬约束和政府供给的公共资源的产权管理等问题，这也为下一步农业循环经济发展、产业体系和制度优化提供了方向。

第八章　循环型农业产业制度绩效与展望

本书以循环型农业产业为研究对象，从循环型农业产业发展特征入手，引出当前我国循环型农业产业制度供给的背景、目的、内容及变迁情况；以产业组织的 SCP 分析理论、交易费用理论和制度变迁理论为基础，构建了一个制度供给（R）、契约履约行为（C）和制度绩效（P）的 RCP 理论分析框架，研究了我国集政府、种植业企业、养殖业企业和农业服务业企业等多主体在内的循环型农业产业内各主体的契约履约行为，探索影响产业经济绩效和制度绩效的作用机理。本研究选取四川省 140 个农业县域为研究样本，采用动态演化博弈分析方法、数据包络分析法，并借助回归分析模型等，实证分析了多元主体在循环型农业产业中的策略选择和不完全契约的履约机制，论证了资产专用性、风险性和规模性构成的交易费用对循环型农业产业绩效的影响，以及农业循环经济制度体系对循环型农业产业绩效的正向影响。最后，选取四川省泸县的循环型农业产业发展情况作为研究案例，探讨了在产业主体与政府制度共同作用下的县域循环型农业产业中的不完全契约履约效率。本部分内容是对前述研究的总结，同时也是基于当前"双碳"工作推进过程中循环型农业产业发展初期政府制度供给的绩效，对循环型农业产业下一步发展提出制度优化建议,并对未来需要深入研究的工作提出展望。

第一节 研究结论

一 研究总结

(一)降低交易费用是各主体参与循环型农业产业的共同动因

种养结合模式下的政府和养殖业企业、种植业企业、农业服务业企业等一起构成的循环型农业产业是基于农业生产废弃物资源化利用而串联起来的产业体系,也是当前农业循环经济的主导模式。政府参与循环型农业产业是为了提高政府绩效、降低环境治理成本。养殖业因受到环境规制约束,并为了获得养殖生产主体的专用性投资而参与其中,从长期来看是为了主营业务的有序开展,短期来看是为了获得政府提供的补贴。种植业的参与动因是降低成本或增加预期收益。农业服务业的参与动因则是获得恒大于零的服务收益。

(二)契约履约是循环型农业产业运行和发展的关键,养殖业企业在履约中发挥主导作用

循环型农业产业内各主体间的交易行为构成了不同的不完全契约。政府与产业主体之间通过制度的方式形成了契约,产业主体之间通过资源化利用产业链相互联系形成契约。动态演化博弈仿真分析结果表明:在养殖业企业产生的生产废弃物(粪便)的资源化利用循环体系中,养殖业企业在其中占据主导地位。养殖业企业在政府政策支持下一旦选择参与农业循环经济，就不会轻易改变策略。在农业生产废弃物的资源化利用产业链上，产生废弃物的经营主体对废弃物资源化利用的主观能动性成为产业链运行的关键。养殖业主体在产业中因为专用性投资而拥有"剩余控制权"，而政府制度提供的交易费用成为引导其参与农业循环经济的一个诱因。当养殖业主体选择主动参与农业循环经济后，也会直接引导种植业和服务业主体加入到循环型农业产业中来，促进产业内不完全契约的履约以及农业循环经济的有效有序运作。

（三）契约履约的关键是单个微观主体交易费用的降低，降低循环型农业产业整体的交易费用需要关注规模性和风险性

养殖业企业以降低交易费用、提高经济效率为主导，引导循环型农业产业中交易活动的发生和完成。政府提供的制度供给以降低养殖业企业交易费用为主，激励结果显著。农业服务业企业在循环型农业产业中有效衔接了种植业企业和养殖业企业，是循环经济中废弃物资源化和再利用的主要载体，农业服务业企业解决了产业主体分离、种养脱节的农业经济发展问题，其在循环型农业产业发展中地位特殊。交易费用降低的同时也改变了交易费用的构成，并促成了农业服务业的发展，这也是循环型农业产业发展过程中市场机制发挥作用的一种表现。种植业企业和农业服务业企业在契约的实施过程中根据成本费用和预期收益的变动而决定履约策略，只有有效降低整体产业内微观主体的交易费用，才能持续推动循环型农业产业相关主体实现均衡策略。

从资产专用性、规模性和风险性三个因素测量循环型农业产业的交易费用对整体经济绩效的影响，证明了两者之间是负相关的，且资产专用性的负相关性最低，因而降低整体交易费用的重点是对风险性和规模性的调整。规模性代表着产业规模，是循环型农业产业交易频率的一种体现。随着农业经济规模化、集约化发展，循环型农业产业也必将沿着规模化和集约化方向发展才能降低循环型农业产业整体的交易费用，从而提高产业绩效。循环型农业产业隶属于农业生产的范畴，所以降低产业的风险性需要从各方面着手，多渠道降低不确定性。对规模性和风险性的把控是下一步循环型农业产业快速发展的关键。

（四）我国循环型农业产业制度供给整体实施效果显著，但具体制度绩效还需要关注长效机制

从动态演化博弈过程和案例分析可以看出，政府财政补贴对循环型农业产业参与主体具有较好的黏性。在中国特色社会主义治理体系中，制度作为一种治理手段被用来解决农业的外部性问题，并发挥规避和降低农业风险、提高农业经济绩效等作用。本书通过时间序列来梳理农业循环经济制度的供给和变迁过程，测度了农业循环经济制度实施与县域农业经济绩效变动之间的相关性，在时间序列拐点上的农业经济效率损失显著下降证实了当期制度实施的效果显著。畜牧大县和非畜牧大县的农业经济效率损失呈现时间序列上的差异化变动，印证了畜牧大县农业循环经济制度实施带来的效果显著，尤其2017年开始实施的整县推进畜禽粪污资源化利用项目显著促进了项目县的农业经济效率损失的下降。农业循环经济制度实施带来了农业经济效率的提高。

2020年中国经济交出的增长答卷再次印证了中国特色社会主义制度体系的优越性。我国农业主管机构从"小部门"向"大部门"整合、从"大部门"往职能集中型部门整合，这种组织变迁也促进了政府政策制度的有效实施，为农业种植业、养殖业和农业服务业的融合发展奠定了基础。尤其是政府通过制度供给推动农业循环经济发展，并通过激励和约束机制促进各相关经济主体间契约的履约，制度成为循环型农业产业发展的重要支撑。但我国具体的循环型农业产业制度政策实施的时间还不长，因此还需要继续跟踪检验制度绩效的长效机制。

（五）契约履约、交易费用降低、制度有效，三者协同推进循环型农业产业的发展

县域是农业循环经济实施的主要经济单元，本研究选取典型示范县对循环型农业产业的发展进行案例研究。研究发现，在县域农业循环经济的发展过程中，种养结合模式下的农业服务业较好地衔接了种植业和养殖业之间的资源化再利用工作，并促进了市场机制的形成。在多主体的资源匹配和契约履约过程中，主体的最优策略选择充分体现了交易费用的重要作用。政府供给的循环型农业产业制度是推动县域循环型农业产业兴起和发展的关键。不完全契约的履约、交易费用的降低和有效的制度推进了县域循环型农业产业的发展。

政府组织结构优化、新型经营主体发展、主体行为优化和政策制度变迁等是循环型农业产业发展的具体路径。

政府组织结构优化和新型经营主体发展都是组织发展的表现。政府组织结构优化带来的职能重组等，提高了政府作为制度实施和管理主体的绩效，也为政策制度变迁和有效的制度绩效反馈奠定了基础。新型经营主体的发展尤其是以专业合作社为主的农业服务业的发展，在循环型农业产业链的完善发展过程中发挥了重要作用，更为下一步农业循环经济与其他产业融合发展创造了机会。主体行为优化的过程，包括农业服务业在新经济、新模式、新环境下的发展，是农业循环经济理念进一步深入社会、融入非正式制度的过程，既是政府制度行为和市场主体行为共同作用的结果，也是循环型农业产业发展的关键因素，也进一步解释了"制度结构—制度安排—绩效结果"这一结构分析范式下循环型农业产业制度的发展变迁。这几个方面共同施力，对我国循环型农业产业发展发挥了重要作用，也是下一步我国循环型农业产业发展的有效路径指引。

二　主要观点

（一）多举措减少不确定性、降低交易费用，促进循环型农业产业发展

要减少不确定性带来的循环型农业产业发展的风险，可以从加快技术创新、做好要素配置、加大信息共享等方面入手。我国农业循环经济发展还处于初级阶段，目前推广应用较好的种养循环模式只是简单地实现废弃物资源化利用。在实际应用过程中，废弃物的复杂性等加大了资源化利用的难度，也对再利用的可持续性提出了挑战，这些都需要从技术层面的发展创新予以解决。此外，还要进一

步围绕产业链各环节，以绿色发展为核心推动低成本、高效率的技术的广泛应用，提高农业循环经济的综合效率。种养循环模式虽然实现了产业主体的融合，但我国农业经济发展具有区域性和系统性的特征，在循环型农业产业发展过程中，需要做好要素配置，实现区域范围内的农业循环经济融合发展，为农业可持续发展奠定基础。

（二）走集约化、规模化发展之路，降低交易费用，促进循环型农业产业发展

在多种农业循环经济模式的应用背景下，应着力探讨集约化、规模化发展方式。我国目前实施的整县推进畜禽粪污资源化利用项目，因为县域农业经济的发展存在较大差异，故对应的资源化利用方式存在多种模式，但为了提高农业循环经济绩效，应在县域范围内推广规模化的农业循环经济模式，以降低交易费用，减少农业经济效率损失。县域范围内的循环型农业产业的规模化发展，可以有效整合区域范围内的种植业和养殖业，将资源化加工服务业与主导产业有效配合，并通过标准化和规模化来降低循环型农业产业链中的交易频率和交易费用，实现农业循环经济的区域整合，也能为技术创新提供支持。

（三）发挥经营主体的主观能动性，促进市场机制的有效形成

我国农业循环经济发展只有十来年的时间，前期已经通过制度供给推动循环型农业产业主体进入，但制度供给发挥了"扶上马"的作用，"往前走"就需要市场化的推动。政府既要发挥好在循环型农业产业中的激励和约束作用，也要注意与市场保持边界。加快形成农业循环经济有序发展的市场机制,是政府及市场主体在农业循环经济下一步发展过程中的重要目标。

(四) 继续创新与完善农业循环经济制度体系

我国农业循环经济的发展是农业可持续发展的重要环节,我国农业循环经济体系的制度还不完善,当前制度主要集中于项目供给阶段,尚未形成完善的农业循环经济制度体系。项目制被认为是一种具有治理意义的机制,这也反映了我国农业循环经济发展还处于末端治理阶段,还没有形成以绿色发展方式为主、以可持续发展目标为指引的农业循环经济发展体系。因此,还需要政府主管部门结合农业循环经济市场发展和产业的运行等持续推进制度创新、制度变迁。

(五) 循环型农业产业发展需要多产业融合发展以降低产业风险

习近平总书记在党的十九大报告中指出,中国特色社会主义进入了新时代,要"着力加快建设实体经济、科技创新、现代金融、人力资源协同发展的产业体系"。循环型农业产业的进一步发展,还依赖农业经济、技术、金融、人力等多要素的有效融合发展。本书所探讨的循环型农业产业是以循环型农业产业链为核心的产业主体集合,这些产业主体的发展同样需要现代经济产业多要素的有效融合,这样才能降低风险,真正实现新时代循环型农业产业的现代化发展。

第二节 研究展望

现代产业体系是现代元素不断显现、产业结构不断优化的体系,具有现代性和系统性的特征。所谓现代性是指产业迈向产业链、价值链、技术链的中高端；系统性是指主导产业的多元化和发展要素的多元化。本书探讨了初级阶段我国循环型农业产业的发展情况，随着农业循环经济的不断深入发展，未来可以继续从以下方面进一步展开研究。

（1）基于政治经济学的视角从治理的角度研究循环型农业产业。经济学的一个根本问题是：为什么有的国家穷，有的国家富？制度经济学是从制度的角度研究制度对长期经济增长的作用，政治经济学从不同的政治制度视角研究其对经济政策的影响。随着中国特色社会主义经济制度的深入演化，无论从方法上还是理论上，这一领域都还有很大的探索空间。

（2）基于行为经济学探讨循环型农业产业的发展。循环型农业产业的发展和不断完善，取决于有限理性的经济人的决策。随着我国农业经济快速发展，农业企业和企业家们的特质成为影响农业经济发展的重要因素之一。循环型农业产业的发展必然也依托产业主体的管理决策和经济行为，基于行为经济学视角研究市场主体行为对循环型农业产业发展，有很大的探索空间和研究价值。

（3）融入农业全过程经济活动的循环型农业产业的分析与研究。循环型农业产业正在不断发展壮大，以农业废弃物循环利用为主的种养循环模式只是当前产业中的重要组成，这一产业还包括了以有机农业、绿色种植等为主的农业生产循环；以农产品资源节约为主的农产品生产；以及重视绿色建设、生态修复等围绕社区可持续发展的农村生态环境建设相关的内容。后续的研究可以将有机农业生产、生态修复等重点项目纳入研究体系，以获得更多新领域的新突破。

总之，农业循环经济在我国还处于发展初期，我国是农业大国，在循环经济发展进程中，农业循环经济更有其特殊性，尤其在我国当前整体经济绿色转型和供给侧结构性改革背景下，农业循环经济的发展更需要接受科学的指导和实践的检验。本书仅以部分示范县为研究案例，相关结论可能具有一定的片面性；而且在实证分析方面更侧重产业内企业主体行为和政府制度创新，再加上循环型农业产业和制度建设还处于完善过程中，这也使得本书可能遗漏对新形成的经济运行绩效的分析；农业循环经济制度的制度绩效更需要长期经济数据的验证，这还有待进一步跟踪检验。循环型农业产业领域还存在着很大的探索价值，值得不断深入研究。

参考文献

1. Abaidoo S, Dickinson H. Alternative and conventional agricultural paradigms: Evidence from farming in southwest Saskatchewan [J]. Rural Sociology, 2002, 67 (1): 114 - 131.
2. Allen N J. A Three-Component conceptualization of organizational commitment [J]. Human Resource Management Review, 1991, 1 (1): 61 - 89.
3. Aric Rindfleisch. Transaction cost theory: past, present and future [J]. AMS Review: Official Publication of the Academy of Marketing Science, 2020, 10 (1 - 2): 85 - 97.
4. Arrow K J. The limits of organization [M]. WW Norton & Company, 1974.
5. Arrow K J. The organization of economic activity: Issues pertinent to the choice of market versus non-market allocation [M]. Washington DC: Joint Economic Committee of Congress, 1969.
6. Atici K B, Podinovski V V. Using data envelopment analysis for the assessment of technical efficiency of units with different specialisations: An application to agriculture [J]. Omega, 2015, 54: 72 - 83.
7. Benjamin K, Saft L F. The law and economics of franchise ty-

ing contracts [J]. The Journal of Law and Economics, 1985.
8. Bettina Bluemling, Fang Wang. An institutional approach to manure recycling: Conduit brokerage in Sichuan Province, China [J]. Resources, Conservation and Recycling, 2018, 139: 396 - 406.
9. Brandoni C, Bosnjakovic B. Energy, food and water nexus in the European Union: Towards a circular economy [J]. Proceedingsof the Institution of Civil Engineers-Energy, 2018, 171 (3): 140 - 144.
10. Calel R, Dechezlepretre A. Environmental policy and directed technological change: Evidence from the European carbon market [J]. Review of economics and statistics, 2016, 98 (1): 173 - 191.
11. Coase R H. The nature of the firm [J]. Economica, 1937, 4 (16): 386 - 405.
12. Coase R H. The new institutional economics [J]. The American Economic Review, 1998, 88 (2): 72 - 74.
13. Coleman J S. Social capital in the creation of human capital [J]. American Journal of Sociology, 1988.
14. Dahlman C J. The problem of externality [J]. The Journal of Law and Economics, 1979, 22 (1): 141 - 162.
15. Donatella Banzato. Towards the Circular Economy Paradigm: The Response from Agriculture [M]. Springer International Publishing, 2018.
16. Edenhofer O, Kowarsch M. Cartography of pathways: A new model for environmental policy assessments [J]. En-

vironmental Science & Policy, 2015, 51: 56 -64.
17. Elena Toma, Carina Dobre, Ion Dona, Elena Cofas. DEA applicability in assessment of agriculture efficiency on areas with similar geographically patterns [J]. Agriculture and Agricultural Science Procedia, 2015, 6.
18. Ellen MacArthur Foundation, Towards the circular economy Vol. 2: opportunities for the consumer goods sector [EB/OL]. (2013). https://ellenmacarthurfoundation.org/towards-the-circular-economy-vol-2-opportunities-for-the-consumer-goods.
19. European Commission, 2008. Directive 2008/98/EC of the European Parliament and of the Council of 19 November 2008 on Waste and Repealing Certain Directives.
20. Explaining the adoption rate of public-private partnerships in Chinese provinces: A transaction cost perspective [J]. Public Management Review, 2021, 23 (4): 590 -609.
21. Fehr E, Hart O, Zehnder C. Contracts as reference points—Experimental evidence [J]. American Economic Review, 2011, 101 (2): 493 -525.
22. Furubotn E G, Pejovich S. Property rights and economic theory: A survey of recent literature [J]. Journal of Economic Literature, 1972, 10 (4): 1137 -1162.
23. Furubotn E, Richter R. The new institutional economics: An assessment [J]. Edward Elgar, 1991.
24. Gibbs David, Pauline Deutz. Reflections on implementing industrial ecology through eco-industrial park development

[J]. Journal of Cleaner Production, 2007, 15 (17): 1683-1695.

25. Graham-Tomasi T. Sustainability: Concepts and implications for agricultural research policy, https://www.researchgate.net/publication/292645161_Sustainability_concepts_and_implications_for_agricultural_research_policy, 1991.

26. Hart O, Grossman S. The costs and benefits of ownership: A theory of vertical and lateral integration [J]. Journal of Political Economy, 1986, 94: 691-719.

27. Hart O, Holmstrom B. A Theory offirm scope [J]. Quarterly Journal of Economics, 2010, 125 (2): 483-513.

28. Hart O, Holmstrom B. The theory of contracts [A]. In: Bewley T F (Ed.). Advanced in economic theory: Fifth world congress [C]. Cambridge: Cambridge University Press, 1987.

29. Hart O. Incomplete contracts and public ownership: Remarks and an application to public-private partnerships [J]. Economic Journal, 2003, 113 (486): C69-C76.

30. Hart O, Moore J. Foundations ofincomplete contracts [J]. Review of Economic Studies, 1999, 66 (1): 115-138.

31. Hart O, Moore J. Incomplete contracts and renegotiation [J]. Cepr Discussion Papers, 1988, 56 (4): 755-785.

32. Hart O, Moore J. Property rights and the nature of the firm [J]. Journal of Political Economy, 1990, 98 (6): 1119-1158.

33. He K, Zhang J, Zeng Y, et al. Households' willingness to

accept compensation for agricultural waste recycling: Taking biogas production from livestock manure waste in Hubei, PR China as an example [J]. Journal of Cleaner Production, 2016, 131: 410 -420.
34. Holmstrom B and Milgrom P. Aggregation and Linearity in the Provision of Intertemporal Incentives [J]. Econometrica: Journalof the Econometric Society, 1987, 45: 303 -328.
35. Jia Ling, et al. Exploring key risks of energy retrofit of residential buildings in China with transaction cost considerations [J]. Journal of Cleaner Production, 2021, 293.
36. Kaufmann T. Sustainablelivestock production: Low emission farm-The innovative combination of nutrient, emission and waste management with special emphasis on Chinese pig production [J]. Animal Nutrition, 2015, 1 (3): 104 -112.
37. Kirchherr J, Reike D, Hekkert M. Conceptualizing the circular economy: An analysis of 114 definitions [J]. Resources, Conservation and Recycling, 2017, 127: 221 - 232.
38. Klein B. Self-Enforcing contracts [J]. Journal of Institutional and Theoretical Economics, 1983, 141: 594 -600.
39. Lowrance R, Hendrix P F, Odum E P. A hierarchical approach to sustainable agriculture [J]. American Journal of Alternative Agriculture, 1986, 1 (4): 169 -173.
40. MacArthur Ellen Foundation. Economic and business rationale for accelerated transition [J]. Towards the Circular Economy, 2013.

41. Moyer W, Josling T. Agriculturalpolicy reform: Politics and process in the EU and US in the 1990s [M]. Routledge, 2017.
42. Mullainathan S, Thaler R H. Behavioral economics [R]. National Bureau of Economic Research, 2000.
43. North D C. Economic performance through time [J]. The American Economic Review, 84 (3): 359 -368.
44. North D C. Institutions and the performance of economies over time [M]. In: Ménard C, Shirley MM (eds) Handbook of New Institutional Economics, Springer, Berlin, Heidelberg, 2008.
45. North D C. Institutions, institutional change and economic performance [M]. Combridge University Press, 1990.
46. North D C. Institutions [J]. Journal of economic perspectives, 1991, 5 (1): 97 -112.
47. North D C, Thomas R P. The rise of the western world: A new economic history [M]. Cambridge University Press, 1973.
48. Oliver E. Williamson. The Economic Institutions of Capitalism [M]. The Free Press, 1985.
49. Oliver E. Williamson. The new institutional economics: Taking stock, looking ahead [J]. Journal of Economic Literature, American Economic Association, 2000, 38 (3): 595 -613.
50. Oliver E. Williamson. Transaction cost economics: How it works, Where it is headed [J]. De Economist, 1998.

51. Pardey PG, Roseboom J and Anderson JR. Agricultural research policy: International quantitative perspectives [M]. Cambridge University Press: Cambridge, 1991.
52. Peña CR, Serrano ALM, de Britto PAP, et al. Environmental preservation costs and eco-efficiency in Amazonian agriculture: Application of hyperbolic distance functions [J]. Journal of Cleaner Production, 2018.
53. Radner R. Monitoring cooperative agreements in a repeated principal-agent relationship [J]. Econometrica: Journal of the Econometric Society, 1981: 1127 – 1148.
54. Richard S, Thomas M S, Ruth A J. World carbon dioxide emission, 1995 – 2050 [J]. Review of Economics and Statistics, 1998, 1: 80 – 89.
55. Richman B D, Macher J T. Transaction cost economics: An assessment of empirical research in the social sciences [J]. Social Science Electronic Publishing, 2006, 10 (1): 1 – 63.
56. Royer A. Transaction costs in milk marketing: A comparison between Canada and Great Britain [J]. Agricultural Economics, 2015, 42 (2): 171 – 182.
57. Royer A. Transaction costs in milk marketing: A comparison between Canada and Great Britain [J]. Agricultural Economics, 2011, 42.
58. Sihvonen S, Ritola T. ConceptualizingreX for aggregating end-of-life strategies in product development [J]. Procedia CIRP, 2015, 29: 639 – 644.

59. Simon H A. On a class of skew distribution functions [J]. Biometrika, 1955, 42 (3-4): 425-440.
60. Thirsk J. Alternative agriculture: A history from the Black Death to the present day [M]. OUP Oxford, 1997.
61. Tirole J. Incomplete contracts: Where do we stand? [J]. Econometrica, 2010, 67 (4): 741-781.
62. Toma E, Dobre C, Dona I, et al. DEA applicability in assessment of agriculture efficiency on areas with similargeographically patterns [J]. Agriculture and Agricultural Science Procedia, 2015, 6: 704-711.
63. Toma P, Miglietta P P, Zurlini G, et al. A non-parametric bootstrap-data envelopment analysis approach for environmental policy planning and management of agricultural efficiency in EU countries [J]. Ecological Indicators, 2017, 83: 132-143.
64. Toop T A, Ward S, Oldfield T, et al. AgroCycle-developing a circular economy in agriculture [J]. Energy Procedia, 2017, 123: 76-80.
65. Van Buren N, et al., 2016. Towards a circular economy: The role of dutch logistics in-dustries and governments [J]. Sustainability, 647.
66. Wang B, Dong F, Chen M, et al. Advances in recycling and utilization of agricultural wastes in China: Based on environmental risk, crucial pathways, influencing factors, policy mechanism [J]. Procedia Environmental Sciences, 2016, 31: 12-17.

67. Webster J D. An exploratory analysis of a self-assessed wisdom scale [J]. Journal of Adult Development, 2003, 10 (1): 13-22.
68. Williamson O E. Corporations and private property: A conference sponsored by the hoover institution ‖ organization form, residual claimants, and corporate control [J]. ournal of Law and Economics, 1983, 26 (2): 351-366.
69. Williamson O E. Markets and hierarchies, analysis and antitrust implications: A study in the economics of internal organization [J]. Accounting Review, 1975.
70. Williamson O E. The economic institutions of capitalism: Firms, markets, relational contracting [M]. Free Press, 1985.
71. Williamson O E. The incentive limits of firms: A comparative institutional assessment of bureaucracy [J]. International Economic Association Series, 1986.
72. Williamson O E. The lens of contract: Applications to economic development and reform [R]. Forum Series on the Role of Institutions in Promoting Economic Growth, 2002.
73. Williamson O E. The new institutional economics: Taking stock, looking ahead [J]. Journal of Economic Literature, 2000, 38 (3): 596-613.
74. Williamson O E. Transaction cost economics: An introduction [J]. Economics Discussion Papers, 2007.
75. Williamson O. The vertical integration of production: Market failure considerations [J]. The American Economic

Review, 1971.
76. Wilson R B. Reputation and imperfect information [J]. Journal of Economic Theory, 1982.
77. Winans K, Kendall A, Deng H. The history and current applications of the circular economy concept [J]. Renewable and Sustainable Energy Reviews, 2017, 68: 825-833.
78. Xiaokai Yang, He-ling Shi. Specialization and product diversity [J]. The American Economic Review, 1992, 82 (2): 392-398.
79. Yu Chen, Fang Wang, Li H, et al. Triple-hurdle model analysis of the factors influencing biogas digester building, use and processing by Chinese pig farmers [J]. Science of the Total Environment, 2020 (11).
80. Zheng C, Bluemling B, Liu Y, et al. Managing manure from China's pigs and poultry: The influence of ecological rationality [J]. Ambio, 2014, 43 (5): 661-672.
81. 阿兰·斯密德. 制度与行为经济学 [M]. 刘璨、吴水荣译, 中国人民大学出版社, 2004.
82. 阿瑟·刘易斯. 经济增长理论 [M]. 周师铭、沈丙杰、沈伯根译, 商务印书馆, 1996.
83. 埃里克·弗鲁博顿, 鲁道夫·芮切特. 新制度经济学——一个交易费用分析范式 [M]. 姜建强、罗长远译, 上海人民出版, 2012.
84. 艾良友, 张其春, 郗永勤. 区域差异视角下福建省循环型农业发展模式研究 [J]. 华北电力大学学报 (社会科学版), 2020 (4): 40-51.

85. 奥斯特罗姆. 公共资源的未来: 超越市场失灵和政府管制 [M]. 郭冠清译, 中国人民大学出版社, 2015.
86. 包维卿, 刘继军, 安捷, 谢光辉. 中国畜禽粪便资源量评估的排泄系数取值 [J]. 中国农业大学学报, 2018, 23 (5): 1-14.
87. 蔡长昆. 制度环境、制度绩效与公共服务市场化: 一个分析框架 [J]. 管理世界, 2016 (4): 52-69.
88. 曹慧, 郭永田, 刘景景等. 现代农业产业体系建设路径研究 [J]. 华中农业大学学报 (社会科学版), 2017, (2): 31-36, 131.
89. 曹利群. 现代农业产业体系的内涵与特征 [J]. 宏观经济管理, 2007 (9): 40-42.
90. 曹龙虎. 作为国家治理机制的"项目制": 一个文献评述 [J]. 探索, 2016 (1): 32-38.
91. 曹祎遐, 黄艺璇. 文化创意产业与现代农业融合发展的耦合协调度及空间相关分析——基于2012~2017年中国31个省市相关数据的研究 [J]. 复旦学报 (社会科学版), 2021, 63 (2): 169-177.
92. 陈国伟. 非独立经济体现代产业体系的基本框架——兼论山西现代产业体系的构建 [J]. 经济问题, 2020 (07): 116-122.
93. 陈红, 王浩岩. 黑龙江省整县推进畜禽粪污资源化利用路径与对策建议 [J]. 黑龙江畜牧兽医 (上半月), 2020, (4): 71-74.
94. 陈红. 循环经济增长模式的经济主体利益博弈分析 [J]. 学术交流, 2005 (12): 124-128.

95. 陈红. 循环型农业发展进程中地方政府行为研究 [D]. 东北林业大学, 2007.
96. 陈霄, 杨婷婷, 郭宏亮等. 基于 MNC-PSO 的循环农业耦合资源智能分配方法 [J]. 吉林农业大学学报, 2021, 43 (2): 258 – 264.
97. 陈一远. 制度的有效性及其影响因素研究 [D]. 山东大学, 2016.
98. 成鹏远, 刘仲妮, 严铠, 赵海燕. 华北地区农业循环经济全要素生产率分析 [J]. 农业展望, 2019, 15 (04): 24 – 28, 33.
99. 大桥洋一. 行政法学的结构性变革 [M]. 吕艳滨译, 中国人民大学出版社, 2008.
100. 道格拉斯·C·诺思. 制度、制度变迁与经济绩效 [M]. 格致出版社, 2008.
101. 邓启明, 黄祖辉. 循环经济及其在农业上的发展应用研究综述 [J]. 浙江工商大学学报, 2006 (6): 44 – 50.
102. 邓旭霞, 阳瑞乾, 刘雪琦. 湖南省农业循环经济发展综合评价研究 [J]. 湖南工程学院学报 (自然科学版), 2020, 30 (4): 35 – 43.
103. 杜红梅, 傅知凡. 湖南农业循环经济发展评价体系及实证分析 [J]. 经济地理, 2016, 36 (6): 168 – 175.
104. 杜志雄, 金书秦. 从国际经验看中国农业绿色发展 [J]. 世界农业, 2021 (2): 4 – 9, 18.
105. 凡勃伦. 有闲阶级论 [M]. 商务印书馆, 1981.
106. 范玉仙, 袁晓玲. R-SCP 框架下政府规制改革对中国电力行业技术效率的影响 [J]. 大连理工大学学报（社会科学版），2016，37（3）：27-33.

107. 方杰. 发展农业循环经济是实现农业可持续发展的必然选择 [J]. 乡镇经济. 2005（7）：33-35.

108. 冯淑怡，罗小娟，张丽军，石晓平. 养殖企业畜禽粪尿处理方式选择、影响因素与适用政策工具分析——以太湖流域上游为例 [J]. 华中农业大学学报（社会科学版），2013（01）：12-18.

109. 冯务中. 制度有效性理论论纲 [J]. 理论与改革，2005（5）：15-19.

110. 傅桂英，刘世彪. 猪-沼-果循环经济发展模式的价值流计算与评价 [J]. 农业工程学报，2019，35（15）：225-233.

111. 傅沂，欧阳熹薇. 不完全契约视角下养老地产发展模式转型的演化博弈分析 [J]. 中南大学学报（社会科学版），2018，24（05）：94-106.

112. 高鸿业. 科斯定理与我国所有制改革 [J]. 经济研究，1991（3）：38-43，51.

113. 耿晨光，段婧婧，王灿，章明奎，施加春，李汛，段增强. 长三角平原水网区城郊循环农业圈层模式研究 [J]. 中国生态农业学报，2012，20（7）：956-962.

114. 龚为纲，黄娜群. 农业转型过程中的政府与市场——当代中国农业转型过程的动力机制分析 [J]. 南京农业大学学报（社会科学版），2016，16（2）：73-83，154.

115. 龚为纲，张谦. 国家干预与农业转型 [J]. 开放时代，

2016（5）：57-75.

116. 龚一萍. 经济发展的制度功能效应分析 [J]. 江西社会科学, 2011（7）：47-53.

117. 郭铁民, 王永龙. 福建发展循环农业的战略规划思路与模式选择 [J]. 福建论坛（人文社会科学版）, 2004（11）：83-89.

118. 郭晓鸣, 李晓东, 成都市畜牧业发展研究课题组. 中国畜牧业转型升级的挑战、成都经验与启示建议 [J]. 农村经济, 2016（11）：40-47.

119. 郭耀辉, 刘强, 熊鹰, 何鹏, 杜兴端, 李晓. 农业循环经济发展指数及障碍度分析——以四川省21个市州为例 [J]. 农业技术经济, 2018（11）：132-138.

120. 韩长赋. 构建三大体系 推进农业现代化 [N]. 人民日报, 20196-05-18（015）.

121. 韩长赋. 深入学习贯彻十八届五中全会精神 加快转变农业发展方式 [N]. 农民日报, 2015-11-13（001）.

122. 何龙斌. 美国发展农业循环经济的经验及其对中国的启示 [J]. 世界农业, 2012（5）：19-23.

123. 何龙斌. 日本发展农业循环经济的主要模式、经验及启示 [J]. 世界农业, 2013（11）：150-153.

124. 何鹏, 郭耀辉, 熊鹰, 彭迎, 李晓. 四川省农业循环经济发展评价 [J]. 中国农学通报, 2018, 34（29）：137-142.

125. 何一鸣, 陈梦. 农地剩余索取权管制放松与中国农业经济增长：1990—2017年 [J]. 农林经济管理学报,

2019, 18 (3): 385-394.

126. 何一鸣, 罗必良. 产权管制、制度行为与经济绩效——来自中国农业经济体制转轨的证据 (1958~2005 年) [J]. 中国农村经济, 2010 (10): 4-15.

127. 何一鸣, 罗必良. 产业特性、交易费用与经济绩效——来自中国农业的经验证据 (1958~2008 年) [J]. 山西财经大学学报, 2011 (3): 57-62.

128. 何一鸣, 罗必良. 制度变迁理论及其在中国的修正 [J]. 当代财经, 2012 (03): 5-13.

129. 贺俊, 吕铁. 从产业结构到现代产业体系: 继承、批判与拓展 [J]. 中国人民大学学报, 2015, 29 (2): 39-47.

130. 黑龙江垦区农业循环经济发展研究联合课题组, 张振国, 孟春, 苏明, 谭占龙, 陈大光, 申学锋. 黑龙江垦区农业循环经济发展研究报告 [J]. 农村财政与财务, 2012 (6): 10-13.

131. 黄宝连. 农业产业体系的微观基础: 我国农村土地制度建构研究 [M]. 浙江大学出版社, 2014.

132. 黄教珍. 我国农业循环经济法制建设问题探析 [J]. 农业考古, 2011 (6): 127-129.

133. 黄明元, 邹冬生, 李东晖. 农业循环经济主体行为博弈与协同优势分析——兼论政府发展农业循环经济的制度设计 [J]. 经济地理, 2011, 31 (2): 305-311.

134. 黄贤金. 循环经济: 产业模式与政策体系 [M]. 南京大学出版社, 2004.

135. 黄贤金. 循环经济学 (第二版) [M]. 东南大学出版

社，2015.

136. 霍博翔. 制度、经济政策和经济绩效 [J]. 湖北经济学院学报（人文社会科学版），2021，18（04）：29-31.

137. 计惠忠. 加强涉农项目管理的调查与思考——以被抽查市前三年涉农专项调查为例分析 [J]. 行政事业资产与财务，2015，(11)：1-4.

138. 冀县卿. 改革开放后中国农地产权结构变迁与制度绩效：理论与实证分析 [D]. 南京农业大学，2010.

139. 江激宇，徐腾. 安徽粮食全要素生产率时空演变及收敛性分析 [J]. 新疆农垦经济，2019，316（06）：62-69.

140. 江激宇，周密，徐腾，熊琳. 安徽省农业循环经济发展效率及影响因素研究 [J]. 云南农业大学学报（社会科学），2020，14（2）：29-35.

141. 蒋军锋，殷婷婷. 行为经济学兴起对主流经济学的影响 [J]. 经济学家，2015（12）：68-78.

142. 蒋士成，费方域. 从事前效率问题到事后效率问题——不完全合同理论的几类经典模型比较 [J]. 经济研究，2008（8）：145-156.

143. 蒋硕凡，李晶洁，杨富贵. 基于超效率 DEA 模型的地区农业循环经济效率评价研究 [J]. 绿色科技，2021，23（2）：247-250.

144. 焦建玲，陈洁，李兰兰，李方一. 碳减排奖惩机制下地方政府和企业行为演化博弈分析 [J]. 中国管理科学，2017，25（10）：140-150.

145. 康芒斯. 制度经济学 [M]. 商务印书馆，1962.

146. 科斯，阿尔钦，诺思. 财产权利与制度变迁 [M]. 上海人民出版社, 1994.

147. 寇冬梅, 朱江, 张琪, 李渝. 贵州循环农业建设现状和发展分析 [J]. 安徽农业科学, 2014, 42 (27): 9612-9613, 9651.

148. 寇冬梅, 朱江, 张琪, 潘尔珣. 贵州喀斯特山区循环农业模式的实践与探讨 [J]. 农业环境与发展, 2011, 28 (5): 47-50.

149. 李鹏, 张俊飚, 颜廷武. 农业废弃物循环利用参与主体的合作博弈及协同创新绩效研究——基于DEA-HR模型的16省份农业废弃物基质化数据验证 [J]. 管理世界, 2014 (1).

150. 李萍. 经济增长方式转变的制度分析 [D]. 西南财经大学, 2000.

151. 李倩. 我国农业循环经济发展问题研究 [D]. 长沙: 湖南农业大学经济管理学院, 2011.

152. 李桥兴, 徐思慧. 基于知识图谱的现代产业体系研究综述 [J]. 科研管理, 2019, 40 (2): 175-185.

153. 李顺才, 叶伟. 浅谈区域循环经济发展中出现的问题与对策研究 [J]. 中国农业信息, 2016 (2): 8-9.

154. 李嵩誉. 重塑农业循环经济应重视制度建设 [J]. 行政与法, 2010 (1): 31-33.

155. 李宵寒, 李坦, 姚佐文. 基于交叉DEA模型的安徽省农业循环经济效率评价 [J]. 云南农业大学学报 (社会科学), 2019, 13 (5): 60-64.

156. 李小萍. 法律有效性的界定——兼论哈贝马斯的法律有效性理论 [J]. 清华法治论衡, 2009, (2).

157. 李小萍. 论法律效力的形成机制——以哈贝马斯的法律有效性理论为视角 [J]. 长沙理工大学学报（社会科学版），2010.

158. 李晓华，邵举平，孙延安. 绿色低碳产品消费市场活力激发研究——基于绿色家电产品的演化博弈 [J]. 生态经济，2021，37（01）：27-34.

159. 李晓琳，霍剑波，张华，屈宝香，尤飞. 美国农业资源管理的经验与启示 [J]. 中国农业资源与区划，2018，39（10）：86-90.

160. 连海明. 规模化养猪场粪污处理的成本与效益分析 [D]. 中国农业科学院，2010.

161. 林毅夫. 关于制度变迁的经济学理论：诱致性变迁与强制性变迁 [J]. Cato 杂志，1989.

162. 林毅夫. 90 年代中国农村改革的主要问题与展望 [J]. 管理世界，1994（3）：139-144.

163. 刘成林. 现代农业产业体系特征及构建途径 [J]. 农业现代化研究，2007（4）：472-475.

164. 刘斐，何东. 农业循环经济的特殊性及对策探讨 [J]. 江西农业大学学报.2009（3）.

165. 刘佳奇. 日本农业循环经济的发展及启示 [J]. 农业经济问题，2015，36（8）：105-109.

166. 刘金霞. 农业风险管理理论方法及其应用研究 [D]. 天津大学，2004.

167. 刘莉云. 银行业结构与企业创新——基于不完全契约视角的研究 [D]. 浙江大学，2017.

168. 刘满平. 我国实现"碳中和"目标的意义、基础、挑

战与政策着力点 [J/OL]. 价格理论与实践: 1-6 [2021-03-02]. https://doi.org/10.19851/j.cnki.CN11-1010/F.2021.02.06.

169. 刘平宇, 马骥. 论循环经济发展的必然性 [J]. 生态经济. 2002 (4): 46-48.

170. 刘瑞翔, 安同良. 资源环境约束下中国经济增长绩效变化趋势与因素分析——基于一种新型生产率指数构建与分解方法的研究 [J]. 经济研究. 2012 (11).

171. 刘瑜. 马克思主义中国化视域下的制度理论研究 [D]. 中共中央党校, 2019.

172. 卢现祥, 邱海洋. 新制度经济学体系构建的新尝试——罗必良教授主编的《新制度经济学》一书评介 [J]. 经济评论, 2006, 2.

173. 卢现祥, 朱巧玲. 交易费用测量的两个层次及其相互关系研究述评 [J]. 数量经济技术经济研究, 2006 (7): 97-108.

174. 陆萍, 李丽莉. 现代循环农业发展的关键影响因素分析: 基于不同类型农户采纳循环农业技术的视角 [J]. 农村经济, 2018 (12): 93.

175. 罗必良. 经济组织的制度逻辑——一个理论框架及其对中国农民经济组织的应用研究 [M]. 山西经济出版社, 2000.

176. 罗必良, 李尚蒲. 农地流转的交易费用: 威廉姆森分析范式及广东的证据 [J]. 农业经济问题, 2010, 000 (12): 30-40.

177. 罗必良, 凌莎, 钟文晶. 制度的有效性评价: 理论框架与实证检验——以家庭承包经营制度为例 [J]. 江海学刊. 2014.
178. 罗必良. 新制度经济学 [M]. 山西经济出版社. 2005.
179. 马吉巍. 农业循环经济生态产业链建设研究 [J]. 山西农经, 2020 (23): 47-48.
180. 马克思恩格斯文集 (第 1-10 卷) [M]. 人民出版社, 2009.
181. 马其芳, 黄贤金, 彭补拙, 翟文侠, 刘林旺. 区域农业循环经济发展评价及其实证研究 [J]. 自然资源学报, 2005 (6): 97-105.
182. 马其芳, 黄贤金, 张丽君等. 区域农业循环经济发展评价及其障碍度诊断——以江苏省 13 个市为例 [J]. 南京农业大学学报, 2009.
183. 米塞斯. 经济科学的最终基础: 一篇关于方法的论文 [M]. 朱泱译, 商务印书馆, 2015.
184. 米运生, 郑秀娟, 何柳妮. 不完全契约自我履约机制研究综述 [J]. 商业研究, 2015 (11): 81-88.
185. 莫海霞, 仇焕广, 王金霞, 白军飞. 我国畜禽排泄物处理方式及其影响因素 [J]. 农业环境与发展. 2011.
186. 倪娟. 奥利弗·哈特对不完全契约理论的贡献——2016 年度诺贝尔经济学奖得主学术贡献评介 [J]. 经济学动态, 2016 (10): 98-107.
187. 聂辉华. 不完全契约理论的转变 [J]. 教学与研究, 2011 (5).
188. 聂辉华. 交易费用经济学: 过去、现在和未来——兼评威廉姆森《资本主义经济制度》[J]. 管理世界,

2004（12）.

189. 聂辉华. 契约不完全一定导致投资无效率吗？——一个带有不对称信息的敲竹杠模型 [J]. 经济研究, 2008（2）: 132-143.

190. 聂辉华. 契约理论的起源、发展和分歧 [J]. 经济社会体制比较, 2017（1）: 1-13.

191. 聂辉华. 新制度经济学中不完全契约理论的分歧与融合 [J]. 中国人民大学学报, 2005（1）: 81-87.

192. 聂辉华. 制度均衡: 一个博弈论的视角 [J]. 管理世界, 2008（8）: 158-167.

193. 牛若峰. 关于持续性农业与农村发展的整体思考 [J]. 农村经济与社会. 1993.

194. 牛若峰. 农业产业化的理论界定与政府角色 [J]. 农业技术经济. 1997.

195. 牛若峰. 农业产业化经营发展的观察与评论 [J]. 农业经济问题. 2006.

196. 潘丹. 规模养殖与畜禽污染关系研究——以生猪养殖为例 [J]. 资源科学, 2015.

197. 潘丹, 孔凡斌. 养殖户环境友好型畜禽粪便处理方式选择行为分析——以生猪养殖为例 [J]. 中国农村经济, 2015（9）.

198. 平乔维奇, 蒋琳琦. 产权经济学: 一种关于比较体制的理论 [M]. 经济科学出版社, 1999.

199. 齐建国. 关于循环经济理论与政策的思考 [J]. 经济纵横. 2004.

200. 齐振宏. 养猪业循环经济生态产业链理论与实践研究

[M]. 科学出版社，2015.

201. 邱建军，任天志，李金才编著. 生态农业标准体系及重要技术标准研究 [M]. 中国农业出版社，2008.

202. 仇焕广，井月，廖绍攀，蔡亚庆等. 我国畜禽污染现状与治理政策的有效性分析 [J]. 中国环境科学 2013，33（12）：2268 - 2273.

203. 仇焕广，莫海霞，白军飞等. 中国农村畜禽粪便处理方式及其影响因素——基于五省调查数据的实证分析 [J]. 中国农村经济，2012（3）：78 - 87.

204. 渠敬东. 项目制：一种新的国家治理体制 [J]. 中国社会科学，2012（5）：113 - 130 + 207.

205. 任正晓. 农业循环经济概论 [M]. 中国经济出版社，2007.

206. 芮明杰等. 产业经济学 [M]. 上海：上海财经大学出版社，2009.

207. 沈满洪，张兵兵. 交易费用理论综述 [J]. 浙江大学学报（人文社会科学版），2013，43（2）：44 - 58.

208. 思拉恩·埃格特森. 经济行为与制度 [M]. 吴经邦等译，商务印书馆，2004.

209. 隋猛，李法社，王文超，苏有勇."五位一体"农业循环经济的应用 [J]. 农业工程，2019，9（3）：40 - 44.

210. 孙丹，韩松，江丽. 非正式制度的层次和作用——基于农地制度变迁的动态演化博弈模型 [J]. 北京理工大学学报（社会科学版），2021，23（2）：56 - 68.

211. 孙世芳，辛贤，刘溟，吕之望，秦悦，蔡海龙，马铃. 2019 中国农业经济发展报告及展望 [N]. 经济日报, 2020-06-19 (012).

212. 孙正聿. 制度优势的理论根基 [J]. 马克思主义理论学科研究, 2021, 7 (01): 49-59.

213. 谭智心, 孔祥智. 不完全契约、内部监督与合作社中小社员激励——合作社内部"搭便车"行为分析及其政策含义 [J]. 中国农村经济, 2012 (7): 17-28.

214. 梯若尔. 产业组织理论 [M]. 张维迎总译, 中国人民大学出版社, 2014.

215. 田雨辰, 赵雨凡, 刘鸿阳. 基于SWOT—AHP模型的云南省经济林产业发展策略研究 [J]. 中国林业经济, 2021 (3): 79-82.

216. 汪丁丁. 从"交易费用"到博弈均衡 [J]. 经济研究, 1995 (9): 72-80.

217. 汪晓宇, 马咏华, 张济珍. 不完全契约理论: 产权理论的新发展 [J]. 上海经济研究, 2003 (12): 33-36.

218. 王芳等. 循环型农业研究: 理论、方法与实践 [M]. 中国农业出版社, 2013.

219. 王芳. 提升西部贫困地区农业发展科技支撑力的政策调整 [J]. 安徽农业科学, 2006 (4): 804-805.

220. 王芳. 西部循环型农业发展的理论分析与实证研究 [M]. 中国农业出版社, 2008.

221. 王海虹, 任育锋. 中国农业循环经济标准化发展现状及展望 [J]. 农业展望, 2020, 16 (5): 19-22+26.

222. 王洪涛. 威廉姆森交易费用理论述评 [J]. 经济经纬. 2004 (4). 11-14.

223. 王火根, 翟宏毅. 农业循环经济的研究综述与展望

[J]. 华中农业大学学报（社会科学版），2016.

224. 王君美，王巧玲，胡玉莹，杨咏东. 不完全信息、技术授权契约与社会福利效应 [J]. 科研管理，2020，41（11）：153-163.

225. 王莉，田国强，张斌. 中国畜牧业产业体系的内涵、发展及问题 [J]. 中国畜牧杂志，2017，53（12）：130-134.

226. 王琦. 我国农业循环经济的困境与出路——基于利益相关者视角 [J]. 安徽农业科学，2015.

227. 王勤礼，赵怀勇，吕彪，许耀照，李宏斌，秦加海. "玉米—牛—沼气—日光温室"循环农业模式研究 [J]. 环境保护与循环经济，2010，30（2）：41-43.

228. 王仕龙. 加强财政涉农项目和资金科学管理的政策和途径研究——以浙江省F市X镇为例 [J]. 北方经济，2014.

229. 王晓冬. 国外循环经济发展经验——一种制度经济学的分析 [D]. 吉林大学，2010.

230. 王筱萍，刘文华. 农业循环经济分层绿色融资模式研究 [J]. 经济问题，2020（2）：109-117.

231. 王耀光. 交易费用的定义、分类和测量研究综述 [J]. 首都经济贸易大学学报，2013，(5)：105-113.

232. 王永贵，洪傲然. 千篇一律还是产品定制——"一带一路"背景下中国企业跨国渠道经营研究 [J]. 管理世界，2020，36（12）：110-127.

233. 王永龙，单胜道. 浙江循环农业发展评价研究 [J]. 湖州师范学院学报，2006，28（6）：80-86.

234. 威廉姆森. 企业的性质：起源、演变和发展 [M]. 商务印书馆，2009.

235. 威廉姆森. 资本主义经济制度：论企业签约与市场签约 [M]. 商务印书馆，2011.

236. 韦森. 哈耶克式自发制度生成论的博弈论诠释——评肖特的《社会制度的经济理论》[J]. 中国社会科学，2003，(6)：43-57，206.

237. 维托·坦茨. 政府与市场：变革中的政府职能 [M]. 王宇等译，商务印书馆，2014.

238. 魏权龄. 数据包络分析 [M]. 科学出版社，2004.

239. 温思美. 评罗必良教授的《经济组织的制度逻辑》[J]. 经济学动态，2001.

240. 吴季松. 新循环经济 [M]. 清华大学出版社，2005.

241. 吴林海，许国艳，杨乐. 环境污染治理成本内部化条件下的适度生猪养殖规模的研究 [J]. 中国人口（资源与环境），2015.

242. 吴三忙，李善同. 专业化、多样化与产业增长关系——基于中国省级制造业面板数据的实证研究 [J]. 数量经济技术经济研究，2011，28（08）：21-34.

243. 吴伟. 公租房供给制度、定价行为与绩效研究 [D]. 华东师范大学，2018.

244. 武光太. 我国农业循环经济法律制度存在的问题及完善 [J]. 农业经济，2014（8）：17-18.

245. 西奥多·W·舒尔茨. 改造传统农业 [M]. 商务印书馆，2006.

246. 解振华. 关于循环经济理论与政策的几点思考 [J].

当代生态农业，2005（Z2）：11-17.

247. 解振华. 走循环经济之路 实现可持续生产与消费 [J]. 中国环境管理，2003（2）：1-2.

248. 辛波，于淑俐. 农村公共产品的有效供给与转移支付制度创新 [M]. 中国时代经济出版社，2015.

249. 辛阳，周晓梅. 我国农业循环经济发展效益评价 [J]. 南方农业学报，2013.44（7）.

250. 徐建军. 我国农业环境政策与农业可持续发展 [J]. 安徽农业科学，2014，42（10）：2994-2995.

251. 徐晓东. 分析循环农业经济体系的内涵及其构建 [J]. 吉林农业，2012（10）：10.

252. 徐忠爱. "农联模式"的产权结构和治理机制——基于公司与农户契约关系的视角 [J]. 山西财经大学学报，2009，31（9）：14-20.

253. 许兰菊. 我国农业循环经济发展的现实困境与路径选择 [J]. 改革与战略，2015.

254. 杨滨键，尚杰，于法稳. 农业面源污染防治的难点、问题及对策 [J]. 中国生态农业学报（中英文），2019，27（2）：236-245.

255. 杨春平，罗峻. 推动绿色循环低碳发展 加快国民经济绿色化进程 [J]. 环境保护，2015，43（11）：18-21.

256. 杨春，杨丽蓉. 基于 DEA 方法的射洪县循环农业发展效率评价 [J]. 农业技术经济学，2011（4）：117.

257. 杨宏力. 本杰明·克莱因不完全契约理论述评 [D]. 山东大学，2012.

258. 杨宏力. 不完全契约理论前沿进展 [J]. 经济学动

态，2012（01）：96-103.

259. 杨锦秀，王延安，庄天慧. 论循环经济与农业可持续发展——四川农户参与农业循环经济发展状况调查与分析［J］. 农村经济，2007（5）：101-103.

260. 约拉姆·巴泽尔. 产权的经济分析［M］. 费方域、段毅才译，上海人民出版社，2008.

261. 杨瑞龙，侯方宇. 产业政策的有效性边界——基于不完全契约的视角［J］. 管理世界，2019，35（10）：82-94，219-220.

262. 杨瑞龙. 论制度供给［J］. 经济研究，1993（08）：45-52.

263. 杨瑞龙，聂辉华. 不完全契约理论：一个综述［J］. 经济研究，2006（2）：104-115.

264. 杨晓明. 农业循环经济发展模式理论与实证研究［M］. 浙江大学出版社，2011.

265. 杨宇，钱金花. 丹麦粪肥管理法律与策略——对中国养殖业的启示［J］. 今日养猪业，2015（4）：68-69.

266. 杨羽，杨汉兵. 改进能值足迹模型与传统能值足迹模型的对比研究——以南充市农业循环经济发展水平为例［J］. 环境保护与循环经济，2019，39（6）：5-10.

267. 姚晓萍. 山西省农业循环经济发展研究［J］. 农村经济与科技，2020，31（10）：189-190，228.

268. 姚勇. 四川省农业循环经济发展的现状及对策［J］. 中国农业资源与区划，2016.

269. 叶佳语. 农业服务业现状分析与对策思考——以浙

江省为例 [J]. 安徽农业科学, 2015, 43 (34): 289-290.

270. 尹昌斌, 李福夺, 王术, 郝艾波. 中国农业绿色发展的概念、内涵与原则 [J]. 中国农业资源与区划, 2021, 42 (1): 1-6.

271. 尹昌斌, 周颖, 刘利花. 我国循环农业发展理论与实践 [J]. 中国生态农业学报, 2013, 21 (1): 47-53.

272. 尹丽辉, 肖顺勇. 关于粮-猪循环农业产业链及其废弃物资源化利用的思考 [J]. 湖南农业科学, 2008 (5): 147-149.

273. 尹希果, 马大来. 农民和企业合作经营土地的演化博弈分析——基于不完全契约理论 [J]. 农业技术经济, 2012 (5): 50-60.

274. 于文武. 中国农业循环经济发展的问题及对策研究 [J]. 中国外资月刊, 2012 (11): 191-191.

275. 于晓秋, 任晓雪, 野金花等. 基于数据包络分析的农业循环经济评价: 以黑龙江省各地区为例 [J]. 数学的实践与认识, 2017 (3): 35.

276. 俞花美, 葛成军. 海南省热带农业循环经济可持续发展的理论与实践 [J]. 安徽农业科学. 2011 (26): 16382-16383.

277. 俞可平. 全球治理引论 [J]. 马克思主义与现实, 2002 (1).

278. 虞祎, 张晖, 胡浩. 排污补贴视角下的养殖户环保投资影响因素研究——基于沪、苏、浙生猪养殖户的调查分析 [J]. 中国人口·资源与环境, 2012 (2).

279. 袁庆明. 新制度经济学教程 [M]. 中国发展出版社, 2011.
280. 约翰·L·坎贝尔. 制度变迁与全球化 [M]. 上海人民出版社, 2010.
281. 曾红萍. 国家与市场的双重变奏: 生猪养殖业中的范式转型 [D]. 中国农业大学, 2017.
282. 曾胜强, 黄路平, 罗银等. 泸县整县推进畜禽粪污资源化利用的工作总结 [J]. 畜牧业环境, 2018, (4): 40-42.
283. 翟绪军. 中国农业循环经济发展机制研究 [D]. 东北林业大学, 2011.
284. 张春勋, 罗渝华. 可自我实施的农产品交易平稳关系契约研究 [J]. 西部论坛, 2013, 23 (4): 11-20.
285. 张冬梅, 汪彤. 产业经济学 [M]. 社会科学文献出版社, 2013.
286. 张锦国, 吕华涛, 郭亮明. 畜禽粪污资源化利用整县推进项目的实践与思考——以武穴市为例 [J]. 养殖与饲料, 2019, (8): 124-126.
287. 张凯. 循环经济的理论思考 [J]. 世界环境, 2003.
288. 张克俊. 现代农业产业体系的主要特征、根本动力与构建思路 [J]. 华中农业大学学报 (社会科学版), 2011, (5): 22-28.
289. 张琨. 法治化视角下的农业循环经济发展困境与对策 [J]. 农业经济, 2020, (7): 15-16.
290. 张宁, 杨志华. 欧美国家"绿色新政"比较视域下的我国绿色转型研究 [J]. 南京林业大学学报 (人文社会科学版),2020,20(6):60-68.

291. 张荣现. 我国农业循环经济的发展模式及立法规制[J]. 农业经济, 2012.

292. 张诗予,池增历,兰洁等. 基于交叉 DEA 模型的农业循环经济效率评价——以湖北省为例[J]. 创业与经济发展, 2018 (9): 49.

293. 张曙光. 产权、合约与农业发展——评《罗必良自选集》[J]. 经济研究, 2016.

294. 张维迎. 所有制、治理结构及委托—代理关系——兼评崔之元和周其仁的一些观点[J]. 经济研究, 1996, (09): 3-15, 53.

295. 张五常. 交易费用的范式[J]. 社会科学战线, 1999, (1): 1-9.

296. 张友国. 加快推进产业体系绿色现代化:模式与路径[J]. 企业经济 2021, (1).

297. 张郁,齐振宏,孟祥海等. 生态补偿政策情境下家庭资源禀赋对养猪户环境行为影响——基于湖北省 248 个专业养殖户(场)的调查研究[J]. 农业经济问题, 2015, (6).

298. 张振洋. 当代中国项目制的核心机制和逻辑困境——兼论整体性公共政策困境的消解[J]. 上海交通大学学报(哲学社会科学版), 2017.

299. 赵国强. 农业循环经济发展困境与制度创新研究[J]. 中州学刊, 2011.

300. 赵海燕. 甘肃农业循环经济地方立法探讨[J]. 农业与技术, 2013.

301. 赵其国. 我国现代农业发展中的若干问题 [J]. 土壤学报, 1997, (1): 1-9.

302. 赵绪福, 王雅鹏. 农业产业链、产业化、产业体系的区别与联系 [J]. 农村经济, 2004, (6): 44-45.

303. 赵玥, 李翠霞. 畜禽粪污治理政策演化研究 [J/OL]. 农业现代化研究: 1-10 [2021-04-03]. https://doi.org/10.13872/j.1000-0275.2021.0024.

304. 郑晓书, 王芳. 一个不完全契约履约效率的案例研究——基于农业循环经济项目的实践逻辑 [J]. 农业经济问题, 2021, (10): 64-77.

305. 郑学敏, 付立新. 农业循环经济发展研究 [J]. 经济问题. 2010, (3): 81-85.

306. 中共中央办公厅 国务院办公厅印发《关于创新体制机制推进农业绿色发展的意见》[J]. 中华人民共和国国务院公报, 2017, (29): 17-22.

307. 中国应做世界循环经济的领跑者——访国家发改委体改所经济研究室主任杨春平 [J]. 中国资源综合利用, 2015, 33 (11): 13-15.

308. 钟萃相. 极地冰川的变化是影响全球气候变化的主要因素 [J]. 长江技术经济, 2021, 5 (S1): 1-4.

309. 周海川. 基于能值分析的循环农业发展研究 [D]. 华中农业大学. 2010.

310. 周海川. 基于能值计算的循环农业发展个例分析 [J]. 长江流域资源与环境, 2012, (12): 1520-1527.

311. 周慧光. 不完全契约理论视角下的农户信用行为研究 [D]. 西北大学, 2016.

312. 周力, 郑旭媛. 基于低碳要素支付意愿视角的绿色补贴政策效果评价——以生猪养殖业为例 [J]. 南京农业大学学报（社会科学版）, 2012, (4).

313. 周柳. 四川省农业循环经济实证评价与障碍因素分析 [J]. 山西农业科学, 2016, 44 (9).

314. 周应华, 陈世雄, 尹昌斌, 何英彬, 杨照, 任雅薇. 美国推进农业可持续发展的经验与启示 [J]. 中国农业资源与区划, 2020, 41 (3): 1-6.

315. 周玉玺. 水资源管理制度创新与政策选择研究 [D] 山东农业大学, 2005.

316. 周震峰. 循环农业的发展模式研究 [J]. 农业现代化研究, 2008, (1): 61-64.

317. 周智敏, 黄玉杰. 不完全契约的成因、风险及其应对机制 [J]. 中外企业家, 2007, (12): 32-35.

318. 朱建春, 张增强, 樊志民等. 中国畜禽粪便的能源潜力与氮磷耕地负荷及总量控制 [J]. 农业环境科学学报, 2014, 33 (3): 435-445.

319. 朱琪, 王柳清, 王满四. 不完全契约的行为逻辑和动态阐释 [J]. 经济学动态, 2018.

320. 诸大建. 从可持续发展到循环型经济 [J]. 世界环境, 2000, (3): 6-12.

图书在版编目（CIP）数据

循环型农业产业：制度供给与绩效 / 郑晓书，王芳著. -- 北京：社会科学文献出版社，2023.7
ISBN 978-7-5228-2146-7

Ⅰ.①循… Ⅱ.①郑… ②王… Ⅲ.①农业经济 - 循环经济 - 农业经济发展 - 研究 - 中国 Ⅳ.①F323.2

中国国家版本馆CIP数据核字（2023）第134097号

循环型农业产业：制度供给与绩效

著　　者 / 郑晓书　王　芳

出 版 人 / 王利民
组稿编辑 / 陈凤玲
责任编辑 / 李真巧
责任印制 / 王京美

出　　版 / 社会科学文献出版社·经济与管理分社（010）59367226
　　　　　 地址：北京市北三环中路甲29号院华龙大厦　邮编：100029
　　　　　 网址：www.ssap.com.cn

发　　行 / 社会科学文献出版社（010）59367028
印　　装 / 三河市东方印刷有限公司

规　　格 / 开本：889mm×1194mm　1/32
　　　　　 印张：7.25　字数：213千字
版　　次 / 2023年7月第1版　2023年7月第1次印刷
书　　号 / ISBN 978-7-5228-2146-7
定　　价 / 89.00元

读者服务电话：4008918866

版权所有 翻印必究